古典文獻研究輯刊

二十編

潘美月・杜潔祥 主編

第1冊

《二十編》總目

編 輯 部 編

李文藻之文獻學研究

劉 正 庸 著

國家圖書館出版品預行編目資料

李文藻之文獻學研究／劉正庸 著 -- 初版 -- 新北市：花木蘭文
化出版社，2015〔民104〕
目 4+144 面；19×26 公分
（古典文獻研究輯刊 二十編；第 1 冊）
ISBN 978-986-322-574-4（精裝）
1.（清）李文藻 2. 文獻學
011.08   103027394

ISBN-978-986-322-574-4

古典文獻研究輯刊
二十編 第 一 冊   ISBN：978-986-322-574-4

李文藻之文獻學研究

作　　者　劉正庸
主　　編　潘美月　杜潔祥
總 編 輯　杜潔祥
副總編輯　楊嘉樂
編　　輯　許郁翎
企劃出版　北京大學文化資源研究中心
出　　版　花木蘭文化出版社
社　　長　高小娟
聯絡地址　235 新北市中和區中安街七二號十三樓
　　　　　電話：02-2923-1455／傳真：02-2923-1452
網　　址　http://www.huamulan.tw 信箱 hml 810518@gmail.com
印　　刷　普羅文化出版廣告事業
初　　版　2015 年 3 月
定　　價　二十編 24 冊（精裝）台幣 42,000 元

《二十編》總目

編輯部　編

《古典文獻研究輯刊》二十編　書目

《二十編》各書作者簡介・提要・目次

第一冊　李文藻之文獻學研究

作者簡介

　　劉正庸，臺北縣板橋市（現爲新北市板橋區）人，1967 年生，籍貫山東省文登縣。2011 年私立東吳大學中國文學系碩士在職專班碩士，經歷高中國文教師，現任職於桃園縣龍潭鄉私立泉僑高級中學教務主任。另有期刊論文〈劉喜海及其金石學研究〉中國語文民 97.04。

提　要

　　本論文主要在討論清代中期學者——李文藻，探究其在文獻學上的特色、貢獻及地位。

　　李文藻一生或於學問探求、或於師友往來、或於爲官盡職，確有令人敬仰之處，如同其詩文不隨俗浮沉，其與師友之間亦是無私交會，論藏書、著述之富，其《琉璃廠書肆記》一文開啓後人對書肆的注意與研究；方志成就則推爲纂輯體之代表，又於方志中獨創金石考一門，顯見李文藻本身學問紮實又具獨到見解。但考察目前學術界對李文藻之研究及論述，在數量上極爲零散，單篇論文臺灣一篇、大陸一篇，尚未有綜合及整體性之研究論述，爲嘆惜之事！

　　筆者欲從李文藻生平、著述、交友交遊情形，以了解李氏學識淵博背景；從友朋關係，探究李氏在著述、藏書、校勘、金石、方志纂輯以至地方文獻保存上所付出之貢獻。是以「李文藻之文獻學研究」爲題，期突破諸家零落

及未論之憾，冀能爲李文藻文獻成就勾勒較爲清晰之輪廓與詳實評論，並將其文獻成就顯揚於世。

目　次

第二冊　仲長統生平著述研究

作者簡介

馬天祥，男，1986 年生，2014 年北京師範大學文學院中國古典文獻學專業畢業，獲文學博士學位。著作有《詩經疏義》（點校本，約 56 萬字，北京師範大學出版社 2013 年版，第一署名）《格言聯璧譯注》（約 10 萬字，中華書局出版，定版待出，獨立署名）

現在任教於西藏民族學院文學院。

提　要

本書的研究對象爲東漢末年思想家仲長統的生平及其著述與思想。主要研究內容如下：

第一章，在對仲長統個人著述思想研究之前，對仲長統的生卒行年問題進行了全面地考證。筆者從原典入手，結合前人研究成果，對仲長統的行年問題做了全面紮實的考證，並完成了仲長統生卒行年簡編，爲更加深入的個人心態研究提供了有力支撐。

第二章，針對仲長統的天命觀和士風觀展開研究。指出仲長統的天命觀在其生活時代的獨特地位和價值，進而藉此闡釋基於此而產生的絕望的歷史觀。研究側重於仲長統天命觀念與其時代傳統天命觀的嚴重衝突，從而揭示仲長統天命觀的價值和意義。而士風批判研究側重仲長統對漢末不良士風的批判，進而從仲長統的思維理路出發探究出時代傾頹與士風不良之間是相互關聯的。

第三章，對仲長統的著述問題進行專章研究。在本章中筆者澄清了既往研究中沒有辨明的若干問題，對仲長統著述系統的劃分，以及《樂志論》是否屬於《昌言》系統，乃至《山陽先賢傳》是否爲仲長統所作問題都予以相當辯證。此外，筆者通過翻檢大量類書文獻尋得了將仲長統作品編入集部時間由明代中期提升到不晚於南宋中期的有力證據。

第四章，對仲長統的抑兼併、抑君權以及賦稅改革思想研究發現，仲長統的這些改革思想在理論層面無論是較之前人、還是較之當世之人都爲最優。但對於其所處的現實社會則又顯得頗不切用。造成這種問題的深層原因，實是仲長統亦難逃東漢儒生僵化的思維範式。

第五章，《昌言》中政論散文在漢末諸子之文中透露著一股灑脫率性之

氣，是章便從《昌言》中政論散文的修辭手法、句式結構、言說模式等方面做細緻地分析。筆者發現，仲長統散文之所以特色鮮明不同於其同時代之作品，與其特殊的寫作手法有著深刻的關係。

第六章，探討《樂志論》對魏晉文學審美新旨趣的開啟。筆者對《樂志論》不屬於《昌言》系統，以及《樂志論》的寫作時間進行了詳細地考證。意在通過深入地分析仲長統的心態，以此來相對準確地把握仲長統創作《樂志論》的真實動機和目的。然後，在單純分析《樂志論》對魏晉文學全新審美旨趣開啟的問題上，筆者引入了「大苑囿」和「小山水」兩個概念，分別從兩者各自的特點出發將兩漢文學審美旨趣到魏晉文學審美旨趣的過渡做了較為合理的銜接。

目　次

第三、四冊　《永樂大典》本江蘇佚志研究

作者簡介

崔偉，男，42 歲。2001 年考入安徽師範大學歷史系，2004 年獲歷史學碩士學位。2007 年考入於安徽大學歷史系，攻讀歷史文獻學，2010 年獲博士學位。現爲安徽建築大學藝術學院講師，從事藝術史論的教學和研究工作。一直以來，對《永樂大典》本江蘇古代方志的研究用功頗深，在《中國地方志》、《江蘇地方志》、《黑龍江史志》等刊物發表相關史志論文多篇，其中「《永樂大典》本《應天府志》及其佚文研究」一文見收錄於《中國地方志優秀論文選編》。

提　要

本書主要對明代官修大型類書《永樂大典》殘卷中的江蘇佚志及其佚文進行研究。

明成祖朱棣命解縉、姚廣孝等人纂修的《永樂大典》，輯錄了上自先秦，下迄明初的八千餘種古籍資料。宋元以前的佚文秘典，多藉以保存流傳，即便是現在存世不多的殘卷也具有很高的文獻價值。

本書以中華書局馬蓉、陳抗等學者所輯《永樂大典方志輯佚》爲底本，

其中收錄江蘇省方志六十八種，去除同書異名者，共四十八種。結合古方志學家張國淦先生所著之《永樂大典方志輯本》，按照江蘇省現行政區分章對其中的佚志進行逐部研究。少數對重要典籍文獻有校勘和輯佚價值的現存方志，如《大典》本《金陵新志》，也加以研究。

《大典》本江蘇方志所涉及的地區包括南京、上元、江寧、溧水、溧陽、江浦、邳州、山陽、淮安、淮陰、清河、盱眙、鹽城、揚州、儀徵、泰州、高郵、興化、海門、鎮江、句曲、句容、常州、江陰、無錫、蘇州、吳縣、宜興、長洲，近三十個市縣，四十八種方志中，佚志有四十三種。其中多宋元古志，有的在明清時就已佚失，佚文價值較高，如《寶祐惟揚志》、《金陵志》等。《大典》本江蘇佚志的內容涉及【山川】、【湖泊】、【人物】、【詩文】、【藝文】、【官署】、【倉廩】、【物產】、【寺廟】、【宮室】、【古蹟】、【村寨】、【宦蹟】、【祥異】、【遺事】諸多方面，保留了許多珍貴的史地、經濟和文化方面的資料。

總的來看，本書通過對《大典》本江蘇古代方志及其佚文的系統研究考釋，逐步摸索並掌握了一些研究此類歷史文獻的門徑和方法，可為以後這一領域的學術研究提供基礎和借鑒，同時為相關的方志研究提供有價值的參考。

目　次

上　冊

第五冊　程瑤田《通藝錄》考據學研究

作者簡介

焦紅梅，女，河北邢臺人，1986 年生。2011 年 7 月畢業於河北師範大學，獲文學碩士學位。2014 年 7 月畢業於暨南大學，獲文學博士學位。專業爲漢語言文字學，研究方向爲訓詁學。現爲首都師範大學附屬中學大興南校區教師。

提　要

《通藝錄》是程瑤田畢生著作的匯集，其中所收大多數是考據文章。本書以《通藝錄》爲研究對象，在全面、深入研讀其著作的基礎上對程瑤田的考據成就予以總結，以求系統地展示程氏考據學面貌，進而科學客觀地評價其學術地位。

　　論文主要分爲六個部分：第一章介紹程瑤田的生平與著作。第二章分析
程氏治考據的思想基礎——實證觀和變通觀。第三章詳述《通藝錄》一書的
考據內容，程氏所考涉及制度、地理、名物和詞語，還包括分析句讀和校勘
文本。第四章歸納程氏治考據的方法，根據考據內容的不同，分別爲詞義考
證的方法、名物考證的方法、制度考證的方法、地理考證的方法和文本校勘
的方法。第五章概括其考據特色，主要表現爲：專注疑難，深入研究；文獻
目驗，互爲參照；廣徵博引，旁搜曲證；推崇許鄭，反對株守；繪圖製表，
直觀明了；實事求是，多聞闕疑。第六章總結程氏考據學的成就與不足，並
評價其在考據學史上的地位。

目　次

第六、七冊　《國語》考校──以明本四種校勘條目爲對象

作者簡介

　　郭萬青（1975～），男，山東寧津人，副教授。廣西師範大學漢語言文字學碩士畢業，師從王志瑛教授；南京師範大學中國古典文獻學博士畢業，師從方向東教授。研究方向爲中國古典文獻學、訓詁學、古漢語語法。在《文獻》、《敦煌研究》、《古籍整理研究學刊》、《人文中國學報》、《東亞文獻研究》等國內外學術期刊上發表學術論文 60 餘篇，出版著作《〈國語〉動詞管窺》、《〈國語補音〉異文研究》、《小學要籍引〈國語〉研究》等 5 部，主持或參與國家、省級項目多項，曾獲全國高校古委會中國文獻學博士生三等獎學金、市社科一等獎等。

提　要

　　通過比對《國語》在明代的四種版本──正德十二年明德堂刊清人丁丙跋本、明嘉靖四年許宗魯宜靜書堂刊本、明嘉靖七年金李澤遠堂本和明萬曆六年童思泉刊本，以金李本爲底本錄文，得出明本四種存在不同的條目 1333 條。以得出的 1333 條爲校勘材料，再和慈利楚簡本、敦煌殘卷寫本以及宋刻宋元遞修本等傳世《國語》的諸多傳本、刻本和印本一一對照。本成果的主

要內容如下：一、引言部分：探討《國語》的語料價值與史料價值、《國語》的流傳及其版本系統、《國語》的勘校和確立定本的必要性及可能性等。二、主體部分：根據《國語》分卷順次對涉及到的 1333 條勘校條目進行文字、訓詁以及版本方面的探討。每一條勘校大體包括這樣幾個方面：（一）按照《國語》傳本的時代前後順序依次校錄各本的異文；根據《國語》各本異文的異同，初步判定《國語》各本之間的親緣關係。（二）比較異文，確定是非取捨。（三）對《國語》各本存在著的章目分合不同的問題，也在相關位置一一揭出，並且對於《國語》各本篇章分合的異同進行辨析。（四）惠棟和段玉裁、盧文弨等人的批校，也在相關條目之下一一引錄辨析。三、結語部分：（一）對以《國語》明本四種校勘形成的 1333 條爲基礎的考校形成的《國語》異文問題進行整體總結。（二）通過異文勘校的梳理與總結，對《國語》分章問題進行全面總結與分析。（三）以 1333 條考校條目爲基礎，進一步確定《國語》各本之間的關係。

目　次

第八冊　《韓非子》校補

作者簡介

　　蕭旭，男，漢族, 1965 年 10 月 14 日（農曆）出生，江蘇靖江市人。中國訓詁學會會員, 中國敦煌吐魯番學會會員，江蘇省語言學會會員。現在靖江廣播電視臺工作。

　　無學歷，無職稱，無師承。竊慕高郵之學，校讀群書自娛。出版學術專著《古書虛詞旁釋》、《群書校補》、《群書校補（續）》、《淮南子校補》。20 多年來，在海內外學術期刊《文史》、《中國語文》、《古漢語研究》、《語言研究》、《古籍整理研究學刊》、《江海學刊》、《敦煌研究》、《敦煌學輯刊》、《湖南省博物館館刊》、《古籍研究》、《傳統中國研究集刊》、《文津學志》、《人文論叢》、《漢語史學報》、《敦煌吐魯番研究》、《中國文字研究》、《語言研究集刊》、《澳門文獻信息學刊》、《書目季刊》（臺）、《敦煌學研究》（韓）、《東亞文獻研究》（韓）、《中國語學研究・開篇》（日）發表學術論文近 80 篇，近 120 萬字。

提　要

　　《韓非子》是先秦法家學說的集大成之作，有清以還，整理《韓子》者成就斐然，中外學者都做出了極大貢獻。然其爲先秦古籍，疑義尚多，還待學人全力以赴。余末學譾識，孤聞寡見，爰取是書董理一過，或匡正舊說，

或提出新解，期於《韓子》之研究，聊竭綿力。

目　次

第九冊　《封泥考略》研究

作者簡介

鄭宇清，國立成功大學中國文學系中國文學碩士班畢業，現任職高雄市旗山區溪洲國民小學教師。學術著作有：〈簋〉（文見沈寶春主編：《《首陽吉金》選釋——附 2008 年金文學年鑑》，臺北：麗文文化，2009 年，頁 25～42）；〈《封泥考略》的作者、版本和輯錄封泥數量辨析〉（文見《東方人文學誌》第 9 卷第 4 期，2010 年 12 月，頁 185～203）。

提　要

清人吳式芬、陳介祺所輯《封泥考略》，是中國封泥研究史上的第一本專門性著作。可惜的是，後世對它的了解並不夠全面。

本文以《續修四庫全書》版為研究底本，並在孫慰祖對《封泥考略》固有的研究基礎上，由外到內，對該書的成書背景、輯者和參與考編者、版本、體例、書中封泥的特色、考釋內容及其呈現封泥之研究面向、價值與缺失等方面，運用「歸納法」且具系統性的方式做了加深、加廣的討論，希望藉此

凸顯它的重要性。

　　本文共分六章：第壹章爲緒論，就 2010 年以前研究《封泥考略》的文獻做回顧。第貳章，考察該書的成書背景，並對輯者和參與考編者的生平做介紹。第參章，針對該書的版本、體例進行探討，並比較吳、陳兩人書中封泥的特色。第肆章，將書中封泥分成「官、私」印兩類說明，且歸納書中考釋文字呈顯之封泥研究面向。第伍章，在前幾章的基礎下，進一步評述該書的價值與缺失。第陸章爲結論，總結本文主要的研究焦點及成果。

目　次

第十冊　馬王堆帛書《周易》經傳研究

作者簡介

　　劉彬，字於易，男，1965 年生，山東滕州人，哲學博士，清華大學博士後，曲阜師範大學孔子文化研究院教授，碩士生導師，山東大學易學與中國古代哲學研究中心兼職教授，山東周易研究會常務理事，山東孔子學會理事，中國孔子研究院特聘研究員。長期學習和研究易學，在象數易學、出土易學文獻研究等方面有較深造詣。在《中國哲學史》、《周易研究》、《孔子研究》等期刊發表學術論文 30 餘篇，出版《帛書〈要〉篇校釋》、《〈易緯〉占術研究》等專著，主持國家社會科學基金項目「帛書《衷》篇新校新釋」，主持教育部社會科學基金項目「帛書《易傳》新釋暨孔子易學思想研究」等課題。

提　要

　　本書是本人 2006 年 6 月至 2008 年 6 月在清華大學人文學院博士後流動站期間，所完成的博士後研究報告。馬王堆帛書《周易》，包括《易經》和《易傳》，《易經》由六十四卦符號以及卦爻辭組成，《易傳》由《二三子問》、《繫辭》、《衷》、《要》、《繆和》、《昭力》等六篇組成。本書即是對帛書《周易》經傳的初步研究，其內容包括三部分：

　　一、帛書《要》篇釋文後兩章校釋。《要》篇釋文至今（2008 年 6 月）發表八種，研究成果豐富，但有兩個基礎性的重要問題值得關注：第一，八種釋文彼此多有出入。第二，文本詞語意義理解存在諸多分歧。這兩個問題直接影響對《要》篇的深入研究。本書針對這兩個問題，選取《要》篇釋文的最後兩章——「夫子老而好《易》」章和孔子論「《損》《益》一卦」章，對照圖版照片，對其八種釋文以及校釋成果進行全面檢討，在此基礎上提出自己一些新的看法。

　　二、帛書《要》篇「五正」考釋。《要》篇「五正」一詞，很受學者重視，看法很多。本書在分析學者意見基礎上，認爲「五正」一詞，乃爲古代易學講君道的特定術語。其內容是帝王取度於身所建立的規矩繩權衡五種法度，與八卦中的某些卦、四時和五方等相配納，而形成的易學模式。

　　三、子夏與《歸藏》關係初探——兼及帛書《易經》卦序的來源。本書通過考證孔子弟子子夏與《歸藏》關係，認爲子夏瞭解、掌握《歸藏》，並傳承之。帛書《易經》的卦序，表明它應屬於《歸藏》系統，而其來源可能與子夏有關。

目　次

第十一冊　呂氏家塾讀詩記研究

作者簡介

劉炳瑞，河北衡水人，廣東廣雅中學教師，北京師範大學碩士研究生學歷，主要研究領域爲儒家典籍與文化傳統，曾獲全國高校古籍整理研究工作委員會設立的第十屆「中國古文獻學」獎，熱愛閱讀，願日知其所無，月不忘其所能。

提　要

本書是對呂祖謙《呂氏家塾讀詩記》這部家塾《詩》學教育讀本所做的綜合研究。第一章在文獻綜述的基礎上，說明本書的選題意義及研究範圍。第二章論述呂祖謙的身世和學術思想。呂祖謙復雜的成學背景和學術體系，使很多研究者在探驪得珠之前，免不了要花費一些辛苦功夫，所以本章除了概述呂祖謙的家世、傳略和主要著作之外，另對其「中原文獻之傳」和不入《宋史・道學傳》給出新的解釋。這些努力意在還原呂祖謙的本原面貌，爲論述《呂氏家塾讀詩記》提供一個比較好的基礎。第三章從宏觀角度論述《呂氏家塾讀詩記》的成書、體例及版本等信息，並重點考訂明清兩代所刻《呂氏家塾讀詩記》所列的四十四家姓氏和四十一條引用書目。第四章嘗試是全書的核心，以《呂氏家塾讀詩記》與呂祖謙學術體系的互動關係爲著眼點，討論呂祖謙對前人的繼承及其創新，論述其《詩》學觀念的演遞及其解《詩》的內在理路。本章共分四節，第一節以《公劉》首章爲限，比較《呂氏家塾讀詩記》前後兩稿的差異；第二節從呂祖謙的主觀方面解釋了呂祖謙尊信小序的原因；第三節重在闡述呂祖謙解《詩》的內在理路，并將呂祖謙的《詩》學觀念同宋代士大夫政治文化聯繫在一起；第四節論述呂祖謙的《詩》學觀念與其理學思想的契合。第五章是本書的總結部分，重在評述《呂氏家塾讀詩記》的特點及其影響。呂祖謙在《呂氏家塾讀詩記》這部家塾教育讀本中，體現了其宏闊風範和廣博學識，這將激勵讀者內之成己，外之成物，並成爲學識和性情的深厚積澱。

目　次

第十二冊　《漢書・律曆志》研究

作者簡介

　　夏國強，出生於 1976 年 8 月，文學博士。現於新疆師範大學文學院及西域文史研究中心擔任教研工作，主要從事歷史文獻語言、西域文獻及傳統文

化研究。在《光明日報》、《孔孟學報》、《東亞文獻研究》、《中國史研究》、《西域研究》、《中國社會科學報》等學術報刊發表考釋類文章十餘篇。參編《漢書今注》、《常用漢字辨析》,《國學讀本》等書籍,整理並注譯《老子》及《莊子》內七篇。

提　要

　　前代學者對《漢書‧律曆志》的研究主要集中在兩個方面,一是詞句註釋;二是算法研究。兩類研究各有側重,相對獨立,未能有機結合。又欠缺對《漢書‧律曆志》的思想價值的深入討論,不能了解漢人天文曆法觀基礎上形成的宇宙觀是西漢政治思想的基石。本研究在綜合前賢成果的基礎上,對《律曆志》中所體現的漢代宇宙認識觀及其生成原因加以研討,彰明《漢書‧律曆志》的內在體系以及文本中所表現的兩漢哲學思想的自然科學內涵。主要內容包括三部分:

　　一、揭示《漢書‧律曆志》的宇宙論的思想來源:《律曆志》思想核心秉承於《易》,宇宙發生及結構圖示是從《淮南子》、《呂氏春秋》、《史記》的相關記錄而來。但《律曆志》的思想體系的結構更完整,也更具有科學性,是一種建立在宇宙觀測基礎上的宇宙認識觀。其核心觀點「三統」論是通過太陽視運動軌道來解釋萬物的運行法則,禮樂制度、度量法則、四季劃分,農事安排、曆法編制也都以此為根本。

　　二、分析西漢思想史上的重大問題「三統論」形成的客觀原因,分析《漢書‧律曆志》的算法,討論其產生的自然科學、人文社會原因(如太陽回歸年歲差、星體運行恒星週期和會合週期、歲星週期、三正理論、八十一分法等),驗證該系統以及相對於今天的科技水平而言所存在的問題,並考證西漢及其以前所使用的曆法系統與「三統曆」之間關係;五星數據記錄與歲星紀年問題。以上問題的研討是解釋「三統論」影響的關鍵所在,這些算法所昭示的不僅僅是曆法演算中的數字關係,而是漢代宇宙觀自然科學基礎的表現。

　　三、《漢書‧律曆志》校記:以四個宋本、一個元本、清武英殿本和中華書局本對《漢書‧律曆志》進行校勘,結合算法系統,從文字音韻訓詁的角度,對其中的一些條目及有爭論的問題做了考訂。

目　次

第十三冊 清代曆書研究

作者簡介

　　吳岩，女，漢族，1972 年 11 月 13 日出生，吉林省通化市人。先後畢業於通化師範學院、遼寧師範大學、北京師範大學，獲得歷史學碩士、博士學位。2011 年至今，在首都師範大學歷史學院博士後流動站從事博士後研究。主要研究方向為中國近代社會文化史。發表《從〈前清一代思想界之蛻變〉到〈清代學術概論〉——文本發生學視角下的清學史著述解讀》《從改正朔到改用西曆——西學東漸下國人傳統觀念變化的一個審視角度》等論文，參與編著民國思想文叢。

提 要

　　清代曆書包括曆譜與曆注兩部分。曆譜所指，相當於今天常見的月曆、

日曆、檯曆等所承載的內容，即對年、月、日劃分的簡單的表格類呈現。曆注是對曆譜做出的注釋和補充。曆譜加具有吉凶宜忌項目的曆注，即構成一本曆書所涵蓋的內容。清代曆書在內容上的繁複與龐雜表明，曆書不僅是一種計時授時的工具，也承載著人們對於宇宙、世界及周遭生活的理解和認知。清代曆書的編製、頒行是一種政治象徵手段，在唯天是從的政治倫理建構中，統治者通過編製曆書與頒行曆書的方式，獲取秩序性、等級性的資源，並通過象徵性的手段確認和強化秩序與等級。曆書中對時間點的鋪陳定義，普遍的存在關聯性、規律性和秩序性。人們將自己的日常生活納入其中，並借助此種關聯性、規律性和秩序性，感知存在，建構意義。曆書在進入使用層面之後，因其有著不同的使用功能，也就此繁衍出從編製、頒行、流佈以至解讀都未曾浮現過的意義。除用以查詢之外，曆書還可供背誦、贈予、記事，並因其內涵觀念的象徵性而衍陳爲具有靈驗功效的神靈之物。而曆書作爲書籍，又體現出以編製、頒行到使用爲表現形式的社會運行與社會互動，這意味著觀念世界仍有其社會學層面的影響機制在發揮調節作用。

目　次

第十四冊　荀子之心性論研究在台灣

作者簡介

　　蔡連吉，台灣嘉義人，1965 年生。台南師範學院社會科教育學系學士，雲林科技大學漢學資料整理研究所碩士。曾任「竹山傳訊」編輯委員、「竹山鎮九二一地震紀實」、「竹山風情錄」撰稿人之一，現爲人和國民小學教師兼教務組長。

　　忝任教職以來，常浸淫於傳統典籍之研讀，嚮往有朝一日能專事於先秦思想之研究：然而宥於自身研究能力之限制，每因不得其門而入而唔嘆！直到研究所期間師事李哲賢教授，始得一窺漢學研究之堂奧，在李教授耐心指導下，終於完成《荀子之心性論研究在台灣》之碩士論文。

提　要

　　荀子乃先秦儒學之殿軍，其學無所不窺，舉凡政治、社會、經濟、名理、心性及人生等皆有其個人之弘識。有關荀子之研究，在台灣學界已作出極爲可喜之成績。從目前台灣學界已出版之荀子相關論著看來，有關荀子心性論之研究，在質和量方面皆已甚豐碩。惟就目前已發表之論著而言，無論是在荀子性惡說之意義及其定位，抑或對心性論之分析與詮釋，如，心與性之關係、心在道德實踐上之意義及依據等，學者之論點，有所分歧，然亦頗有獨到之處，值得吾人之借鏡。

　　本文題爲《荀子之心性論研究在台灣》，所討論之對象以曾在台灣從事教學或研究之學者所發表之中文論著爲準，分別就一些較爲重要之論著作一論述，就已有之研究成果，作一述評，並說明其未來可能之研究發展方向。

目　次

第十五冊　明代心學編年史

作者簡介

　　姚文永，男，1978 年生，河南延津人，2011 年畢業於四川大學，獲歷史學博士學位，同年任職於山西運城學院。工作以來，主持教育部青年項目「《明儒學案》補編」一項，山西省姚奠中國學基金項目和四川大學專項項目各一項。出版專著《明代河東編年史》（鄭州：河南大學出版社，2014 年版）、《黃宗羲〈明儒學案〉研究》（成都：四川大學出版社，2014 年版）等兩部，發表論文二十餘篇。主要研究方向為明代儒學、河東文化等。

提　要

　　《明代心學編年史》是明代心學的編年史專著，涵蓋黃宗羲《明儒學案》所列出的明代王學學人及弟子，還有東林學派學人及弟子。同時，也有少量黃宗羲在《明儒學案》沒有收入的王學門人，此又有兩種類型：一種是黃宗羲認為不應入學案的，如李贄等；一種是黃宗羲受限於資料沒有列入的黔門學案，主要人物如李渭、孫應鰲、萬虞愷等。《明代心學編年史》對事件的記述除學人的生卒外，多關注其問學求師、思想轉折、學術論爭、著述刊刻等處，可以說《明代心學編年史》關注學人思想的發展、學術論爭與演進等。

　　《明代心學編年史》以綱目體為體例，以揭示明代王學發展與演變為宗旨，勾述明代重要王學學者的思想軌跡及其與其它學派的交流與論戰等，以

讓學人有一個更爲清晰的視角來觀察明代王學的發展脈略。本文的主旨界定
爲：通過明代王學產生、形成、傳播、分化、論爭與沒落的歷史進程，在明
代王學爲主流的大背景下，既結合明代王學發展與演變這一線索和主旨，又
同時體現了明代王學發展的個案與整體、論爭與分化、民間化與沒落等方面，
對明代王學的發展演變以時間爲經，以其論爭分化的空間爲緯，全景式貫穿
發展與演變這一主旨。爲了使行文更爲清晰，本編年分爲三卷，分別是：卷
一：王陽明早年悟道期；卷二：王陽明心學形成並漸成潮流期；卷三：王學
後學成長並論爭期。

目　次

第十六、十七冊　《水經注》與晉宋地理文學文獻研究

作者簡介

　　鮑遠航（1967－），男，河北承德人，文學博士，湖州師範學院副教授。
研究方向爲魏晉隋唐文學與歷史文化。在《北方論叢》、《湘潭大學學報》、《東
南大學學報》、《長江學術》等刊物發表文史論文四十餘篇，2012 年主持國家
社科基金項目《水經注與魏晉南北朝地理文學文獻研究》。著有《唐詩說唐史》
（中華書局，2008 年），《唐詩話唐俗》（浙江科技出版社，2013 年），《唐史
可以這樣讀》（臺灣麥田出版社，2011 年）等專著。

提　要

　　《水經注》是著名的古代地理暨文學經典，有很高的學術價值和文學價
值。本書主要從地理文學文獻的角度對《水經注》進行研究，並以此對中國

山水散文的源頭作出探尋。

本文共分爲五章。

第一章，從《水經注》本身記載入手，結合史傳、家譜等文獻，對酈道元的家世、生平等做出更進一步的探討；並討論酈道元的正朔觀念、中國文化本位意識及以儒家爲主導的思想，以及其在北魏的政治活動情況。

第二章，對《水經注》所引用重要地理文學文獻作出考證，是本書重點內容之一。《水經注》徵引了大量文學性很強的地記文獻。本書對《水經注》所引用的二十種重要地記文獻和十種故事性雜史傳記文獻作出考證，搜集相關文獻，考證作者生平事、作品歷代著錄及其亡佚時代，並廣泛搜集類書、史注、地志等文獻材料以補輯佚文，以期對《水經注》文獻來源研究及古文獻之整理有所貢獻。

第三章，探討古代地記的景物描寫及其對中國山水散文產生的貢獻。重點考察漢末、東晉初、東晉後期和劉宋初的代表作品辛氏《三秦記》、羅含《湘中記》、袁山松《宜都記》及盛弘之《荊州記》，初步探討中國山水散文在古代地記作品中的形成和發展情況。

第四章，探討《水經注》中山水景物描寫的特點和成就。考察《水經注》的山水描寫和山水性格概括，及其寫景語言藝術與修辭手法，並比較《水經注》與以南朝山水筍記爲代表的南朝山水散文，考察其異同及原因。

第五章，考察《水經注》中的神話傳說、人物故事和戰爭故事以及《水經注》所引用的詩賦謠諺。

目 次

上 冊

第十八冊　歐陽脩研究新見——新發現書簡九十六篇

作者簡介

東 英寿 1960 年生，日本國福岡縣人。1980 年入學九州大學文學部。1984年入學九州大學大學院文學研究科碩士課程。1986 年入學九州大學大學院文學研究科博士後期課程。2000 年獲文學博士。現爲九州大學大學院比較社會文化研究院教授。有專著《歐陽脩古文研究》（汲古書院，2002 年）、《復古與創新——歐陽修散文與古文復興》（上海古籍出版社，2005 年）、《歐陽脩新發見書簡九十六篇——歐陽脩全集の研究》（研文出版，2013 年），編著（合編）《異文化を超えて——「アジアにおける日本」再考》（花書院，2011 年），及宋代文學相關論文多篇。

提　要

北宋時代歐陽脩（1007～1072）的不爲世人所知的 96 篇書簡，被筆者所發現，是在 2010 年了。將這 96 篇書簡加以公開，并輔以書簡相關研究，構成本書前篇；然後，以計量語言學方法等新視角對歐陽脩散文進行的研究，構成本書後篇。

在前篇中，首先刊出這 96 篇新發現書簡，然後載入以此新材料爲基礎的研究論文。基於此新材料的研究課題，是目前他人尚未涉獵的，在這些研究過程中得出的新結論，也是鼓舞人心的。以上內容，能通過此書傳播，十分榮幸。

在本書後篇中，採用了計量語言學等考察方法，這些目前爲止未有的新視角，亦成爲一大特色。與以前一樣用相同的研究手法，進行忠實的考察，

雖不失爲一種方法，但本書試圖從新的研究視角出發，積極地對歐陽脩文章的特色予以考察。

因此，本書爲以新材料和新視角爲出發點的一本歐陽脩研究專著。

目 次

序 文

前 篇

第十九、二十、二一冊　明代詩話考述

作者簡介

　　連文萍，臺灣新竹人，東吳大學中國文學研究所博士，現任東吳大學中文系副教授。著有專書《明代茶陵詩派詩論研究》、《明代詩話考述》，及〈詩史可有女性的位置——以兩部明代詩話爲論述中心〉、〈以詩學著述建構自我價值——論梁橋《冰川詩式》與明代詩學面相〉、〈明代翰林院的詩歌館課研究〉、〈明代詩歌啓蒙教習研究——由王世貞的學詩經驗談起〉、〈明神宗與《詩經》講習〉、〈追尋勝國貴冑——朱彝尊對明代皇族詩歌的編纂與評述〉等學術論文。

提　要

　　明代詩話爲詩學重要文獻，體現明代文學思潮和理論，與政治、社會、教育、思想等均緊密關聯。本書發掘整理三百一十七部明代詩話，分就作者生平、撰著背景、版本流傳、內容特色等進行考述與評價。並描述明人對「詩話」形式演繹與增添的過程，探看他們整體的成績，進而嘗試探尋詩話演變的規律。所論包括明代詩話與明代詩學的關係、明人對「詩話」的看法、明代詩話發展的背景與時間分期、明代詩話的作者與讀者、明代詩話的詩說體系與價值等。最後附有明代詩話總目及版本總覽、明代詩話撰輯及刊刻相關年表、明代詩話作者索引，以利考索。

目　次

第二二、二三冊　清代散見戲曲史料彙編（詩詞卷·二編）

作者簡介

　　趙興勤，1949 年 7 月生，江蘇沛縣人，江蘇師範大學文學院教授，中國古代文學、戲劇戲曲學研究生導師。兼任中國元好問學會理事、中國元代文學學會理事、中國《金瓶梅》研究會（籌）理事，江蘇省明清小說研究會副會長、《西遊記》研究分會常務理事、常州市趙翼研究會副會長等職。已出版的學術著作有《古代小說與倫理》、《明清小說論稿》、《趙翼評傳》（南京大學版）、《中國古典戲曲小說考論》、《古代小說與傳統倫理》、《趙翼評傳》（江蘇人民版）、《理學思潮與世情小說》、《元遺山研究》、《話說〈封神演義〉》、《趙

翼年譜長編》（全五冊）、《古典文學作品鑑賞集》、《趙翼研究資料彙編》（上、下冊）、《清代散見戲曲史料彙編（詩詞卷‧初編）》（全三冊）、《趙興勤〈金瓶梅〉研究精選集》、《中國早期戲曲生成史論》等 22 種，主編、參編《中國風俗大辭典》、《中國古代戲曲名著鑑賞辭典》等 30 餘種，在海峽兩岸發表論文 180 餘篇。

趙韡，1981 年 4 月生，江蘇徐州人。大學二年級開始發表論文，迄今已有 70 餘篇，散見於《民族文學研究》、《文獻》、《戲曲研究》、《晉陽學刊》、《東南大學學報》、《中國礦業大學學報》、《中華詩詞》、《博覽群書》、《古典文學知識》、《社會科學論壇》、《長城》、《作品與爭鳴》、《語文月刊》、《中國文化報》、《中國社會科學報》、《中國勞動保障報》、《歷史月刊》（台灣）、《書目季刊》（台灣）、《戲曲研究通訊》（台灣中央大學）、《澳門文獻信息學刊》（澳門）等兩岸三地刊物，已出版的學術著作有《趙翼研究資料彙編》（上、下冊）、《清代散見戲曲史料彙編（詩詞卷‧初編）》（全三冊）等，另參編（撰）《元曲鑑賞辭典》、《徐州文化博覽》等著作 7 種。代表作獲江蘇省高校第九屆哲學社會科學研究優秀成果二等獎。

提　要

清代戲曲價值大而研究者少，下筆易而突破難，關鍵問題是研究資料的難以蒐訪。儘管經過眾多學者的不懈努力，資料搜集工作已取得階段性成果，但相對清代戲曲史料尤其是散見戲曲史料的總量而言，搜羅還是相對有限，仍難以滿足研究者的需要。鑒於此，本書編者承前賢時彥之餘緒，計劃編纂一套《清代散見戲曲史料彙編》，分為《詩詞卷》、《方志卷》、《筆記卷》、《小說卷》、《詩話卷》、《尺牘卷》、《日記卷》、《文告卷》、《圖像卷》等，將依次推出，以期對清代戲曲的整體研究有所助推。已出版的《詩詞卷‧初編》，收錄清代約 300 位作家的 1519 題（2000 首左右）涉劇詩、詞，本編則蒐訪得清代 365 位作家的 1057 題（約 2000 首）涉劇詩、詞。其中 41 位作家「初編」已收錄，本編新補得 165 題 266 首。本編散見戲曲史料的學術價值，主要表現在如下幾個方面：一是涉及劇目眾多，僅經常上演者就不下百種。其中有南戲、傳奇、雜劇，也有民間小戲，還有從不見於各家書目著錄者，資料彌足珍貴；二是對各類藝人的生平事蹟及伎藝專長均有載述，並為清代戲曲演出情狀的考察提供有力的文獻支撐；三是一些不甚知名的作品，在當時演出卻異常火爆，可以藉此考察戲曲傳播、演進

的規律；四是涉及大量不同地域、場所的戲曲活動，對考察地方戲曲（包括少數民族戲劇）及特殊場所演劇（如禪堂）均有助益；五是對歷來不爲正統文人所重視的民間流行的各類表演伎藝（如秧歌、俗曲、小調等）多所述及，可補一般戲曲史之未逮。

目　次

上　冊

第二四冊　《寒山詩集》之流傳與影響

作者簡介

葉珠紅，臺灣省台南縣人，逢甲大學中文研究所博士。

著有：《唐代僧俗交涉之研究》，台北，花木蘭文化出版社。

寒山研究專書：

《寒山詩集校考》，台北，文史哲出版社。

《寒山資料類編》，台北，秀威科技公司。

《寒山詩集論叢》，台北，秀威科技公司。

《寒山資料考辨》，台北，花木蘭文化出版社。

論文集：《絳雲集》，台北，秀威科技公司。

考古記遊散文：《流光千里芰荷香——吳越江南三十天紀行》，台北，秀威科技公司。

提 要

唐代詩人寒山，《全唐詩》列為釋氏詩人之首，於大曆年間隱於浙江天台山國清寺附近的寒巖，以山為名，自稱「寒山」，寒山與拾得，詩風相近且為道交，世傳之《寒山子詩集》（《寒山詩集》）因而多附有拾得詩。活動於天台山的道侶，宋以後成為名動禪林、文苑的詩人；在元、明二朝，被奉為江南地區家喻戶曉的「和合二仙」；清初，被雍正敕封為「和合二聖」，探討寒山、拾得詩之真精神，及其在各朝代的影響，乃本書之寫作緣起。論文共分十章，首章〈緒論〉，說明寒山研究之概況、成果，與文獻回顧；第二章〈寒山本事與交遊〉，試還原寒山的真實身分，並試推寒山之生、卒年；第三章〈寒山詩之集結與版本〉，說明寒山詩在宋以前的集結情形，以及重要版本之比較；第四章〈「國清三隱」傳說——論志南〈天台山國清禪寺三隱集記〉〉，由國清寺僧志南〈三隱集記〉與《景德傳燈錄》、《聯燈會要》所記之寒山、拾得、豐干傳說，勾勒出「國清三隱」（天台三聖）之雛型；第五章〈宋代寒山詩之流傳概況〉，從晚唐、五代寒山詩之流傳，繼論宋代文苑及禪林對傳播寒山詩的貢獻；第六章〈寒山、拾得詩之影響——以歷代詩話、文集、語錄為例〉，由歷代詩話、文集對寒山、拾得詩之評議，以及歷代禪師「憶寒山」之作，參「寒山子作麼生」，論寒山之「散聖」形象；第七章〈歷代禪師語錄對寒山、拾得詩之評議〉，說明寒山、拾得詩，由宋至清，在禪林的重要地位；第八章〈「天台三聖圖」與〈四睡圖〉〉，論「天台三聖」之定名，以及因「天台三聖」之詩而產生的語錄、畫作及和詩；第九章〈和合二仙與和合二聖〉，由寒山、拾得在民間的神仙化，試論雍正敕封二人為「和合二聖」的背景因素；第十章〈結論〉，經由以上各章之論述，確認寒山、拾得詩從晚唐至清，經由釋子不斷的刊刻流傳，以及文人作擬、和詩以廣佈，從禪林到文苑，擴大至民間工藝、繪畫、信仰，從百姓到帝王，多知寒山、拾得。

目 次

序（羅時進）

李文藻之文獻學研究

劉正庸　著

作者簡介

劉正庸，臺北縣板橋市（現為新北市板橋區）人，1967 年生，籍貫山東省文登縣。2011 年私立東吳大學中國文學系碩士在職專班碩士，經歷高中國文教師，現任職於桃園縣龍潭鄉私立泉僑高級中學教務主任。另有期刊論文〈劉喜海及其金石學研究〉中國語文民 97.04。

提　　要

　　本論文主要在討論清代中期學者——李文藻，探究其在文獻學上的特色、貢獻及地位。

　　李文藻一生或於學問探求、或於師友往來、或於為官盡職，確有令人敬仰之處，如同其詩文不隨俗浮沉，其與師友之間亦是無私交會，論藏書、著述之富，其《琉璃廠書肆記》一文開啟後人對書肆的注意與研究；方志成就則推為纂輯體之代表，又於方志中獨創金石考一門，顯見李文藻本身學問紮實又具獨到見解。但考察目前學術界對李文藻之研究及論述，在數量上極為零散，單篇論文臺灣一篇、大陸一篇，尚未有綜合及整體性之研究論述，為嘆惜之事！

　　筆者欲從李文藻生平、著述、交友交遊情形，以了解李氏學識淵博背景；從友朋關係，探究李氏在著述、藏書、校勘、金石、方志纂輯以至地方文獻保存上所付出之貢獻。是以「李文藻之文獻學研究」為題，期突破諸家零落及未論之憾，冀能為李文藻文獻成就勾勒較為清晰之輪廓與詳實評論，並將其文獻成就顯揚於世。

目

次

第一章 緒 論

　　緒者，絲耑也，可引申爲事物之開端，[註1] 對論文而言，緒論即研究起點，將過往研究成果予以檢討，做爲研究根柢，利用研究方法及步驟做爲進程，最後提出預期研究成果，突顯本論文意義與價值。

第一節　研究動機與歷來研究

一、研究動機

　　「文獻」爲人類文明發展之產物，亦爲人類交流、傳承文明之工具。中國文獻遞嬗，儼然爲一部典籍滄桑史。元馬端臨《文獻通考‧自序》云：「《漢志》所載之書，以《隋志》考之，十已亡其六七；以《宋志》考之，隋復加是。」[註2] 歷代政爭、兵亂不斷，《隋書‧牛弘傳》記載牛弘在其〈請開獻書之路表〉中，指出「隋以前」圖書經過五次災厄；明胡應麟《少室山房筆叢》對「隋至宋末」圖書，又提出「五厄」之說，合稱爲「十厄」。[註3] 然實際上，「宋末之後」圖書災厄仍然不斷，例如：李自成起義、嘉慶官火、

〔註1〕 許慎《說文解字》：「緒，絲耑也」，〔清〕段玉裁注：「耑者，草木初生之題也。因爲凡首之稱，抽絲得緒而可引，引申之，凡事皆有緒可續。」見〔漢〕許慎著：〔清〕段玉裁注，《說文解字注》（臺北：藝文印書館，1966 年 11 月），第 13 篇上，頁 1。

〔註2〕 〔元〕馬端臨撰：《文獻通考》（北京市，商務印書館，2005 年，《文津閣四庫全書‧史部‧政書類》），第 202 冊，頁 296。

〔註3〕 〔明〕胡應麟著：《少室山房筆叢》（北京市：商務印書館，2005，《文津閣四庫全書‧子部雜家類‧類書類》），第 293 冊，卷 1，頁 512～513。

太平天國起義、英法聯軍縱火圓明園、庚子事變、日本侵華戰爭、文化大革命等。有形、無形摧殘導致文獻殘缺散亡、造僞情形嚴重，〔註4〕職是之故，自有文獻，文獻整理工作亦已發端，歷來許多學者先後不斷從事文獻整理工作，迄清一代，在「以復古爲解放」之崇古風尙及異族高壓懷柔政策推動下，〔註5〕文獻整理獲得突破性發展，在方法上：注釋、目錄、校勘、辨僞、輯佚工作日益精進；在成果上：類書、叢書、史志編纂蔚爲大觀，名家輩出，如此蜂起之勢非前代所能比擬。據觀察，目前文獻研究論著，多聚焦於目錄、版本、校勘、辨僞等方面，且方志亦漸爲學者重視而興起。

筆者祖籍山東，山東歷來即爲文化發達之重鎭，人才輩出，又因丁師原基指導，及其對王獻唐先生研究，激起筆者欲仿家鄉先賢之路徑，爲文獻、爲家鄉前人盡一份心力，一如丁師投注於王獻唐；一如王獻唐爲山東文獻，尤其因得李文藻藏書而決意爲諸家藏書考略；一如李文藻一生嗜書、抄書、藏書、刻書，於金石、方志及家鄉地方保存珍貴文獻，遂以家鄉先賢李文藻爲研究之對象。

筆者從王獻唐〈李南澗之藏書及其他〉一文中認識李文藻，李文藻師承紀昀、錢大昕，其友不乏當時四庫館閣編纂，如周永年、邵晉涵，其爲學博贍，長於校勘、目錄、金石、方志，藏書、著述之豐，惜其早逝，書籍散佚，然其影響與貢獻不應未受重視而泯滅。

二、歷來研究

考察目前學術界對李文藻之研究及論述，在數量上極爲零散，單篇論文

〔註4〕 張舜徽認爲：胡應麟指出的「十厄」屬「有形的摧毀」，並認爲「有形的摧毀」造成的損失不如「無形的摧毀」。「無形的摧毀」分爲「無意識的」與「有意識的」二種。「無意識的摧毀」大半爲統治階級的大規模修書工作，導致一書存，眾書廢的情形，如：唐太宗整理五經義疏，至《五義正義》出，而其他經書皆廢；「有意識的摧毀」便是君主利用「稽古右文」、「採訪遺書」的幌子來禁查圖書，詳可參張舜徽：〈古代文獻學散亡（下），收入《中國文獻學》（臺北：木鐸出版社，1983 年 7 月初版），頁 24～29。

〔註5〕 梁啓超云：「綜觀二百餘年之學史，其影響於全世界者，一言蔽之，曰：『以復古爲解放』第一步，復古之宋，對於王學而得解放；第二步，復漢唐之古，對於程朱而得解放；第三步，復西漢之古，對於許鄭而得解放；第四步，復先秦之古，對於一切傳注而得解放。」見梁啓超：《中國近三百年學術史・清代學術概論》（臺北市：里仁書局，2002 年 8 月初版三刷），頁 11。

臺灣一篇、〔註6〕大陸一篇，〔註7〕尚未有綜合及整體性之研究論述，為嘆惜之事！

　　大陸學者張景孔〈李文藻與他主纂的兩部縣志〉僅在方志一項，而臺灣學者廖振旺〈初論乾隆朝北京城書籍市的分布與貨源——以李文藻〈琉璃廠書肆記〉為中心的探討〉以歷史角度，談論清朝書肆發展，皆不足以對李文藻有全面且深入的探討與評論。

　　綜上所述，擬以「李文藻之文獻學研究」為題，以突破諸家零落及未論之憾，冀能為李文藻文獻成就勾勒較為清晰之輪廓與詳實評論，並將其文獻成就顯揚於世。

第二節　研究目的與研究方法

一、研究目的

（一）暸解：李文藻：生平、交友、著述及藏書情形

　　本論文以「李文藻文獻學」為研究主題，在文獻研究之前，必須對李文藻的生平、著述、交游、藏書作一番暸解，筆者將之分為三章藉以達到深入及輔助研究目的。

（二）探討：李文藻之文獻學特色

　　李文藻之文獻學，就筆者所蒐羅資料中，從方志編纂及對保存地方文獻兩方面來探究、建構較為全面的李氏文獻面貌。

（三）定位：李文藻在文獻學上的價值

　　李文藻在文獻上有其貢獻，透過整理其著述、時人之論評，探討其文獻特色，全面的研究李氏文獻學的內容與成果，確立李文藻文獻學在學術上的價值。

〔註6〕廖振旺：〈初論乾隆朝北京城書籍市的分布與貨源——以李文藻〈琉璃廠書肆記〉為中心的探討〉，《臺灣大學歷史學報》第 36 期（2006 年 12 月），頁 52～100。

〔註7〕張景孔：〈李文藻與他主纂的兩部縣志〉，《黑龍江史志》第 2 期（2003 年），頁 42～44。

二、研究方法

本文主要探討方向，當從文獻角度從事研究。李文藻著述、藏書多散佚，其取材以現存著述稿本影刊本、或史傳、方志、師友詩文集、或讀書志等資料蒐整，並就相關專書，如目錄學、方志學、文獻學入手研究。本論文之寫作，其研究方法與步驟，約有以下三端：

（一）分析比較歸納法

以「文獻學」的宏觀角度研究，必先由「分析」角度來各別進行研究，再從分析的資料中，客觀應證假設，避免武斷，「歸納」共同脈絡與特色，再由橫、縱不同切面作深入「比較」，避免臆測而陷閉門造車之境，以獲得可靠、真確資訊。

（二）文獻研究法

作文獻之研究，首重研究所需資料是否齊全，凡文獻專著、傳記資料、將所獲得之資料加以比對、分析，作一綜合性討論，依據所得結論給予公允評價。

（三）歷史研究法

著力於文獻搜集與研究並不足以完成課題，外在客觀歷史背景因素同為研究關鍵。李文藻處在乾嘉樸學盛行之初，且其師友皆為名重一時之大儒，所謂「知人論世」是相當重要，忽略歷史背景因素將全面客觀的推究及立論有嚴重影響。

（四）圖表統計法

將所搜集之零碎資料、數量，進行排列及統計，具體數據當作客觀輔助，讓數字解釋、說話，避免數字的繁雜，作成圖表，以便綜覽。

第三節　預期成果

文獻研究在絕處發現新機，在不可能處掘出可能。「李文藻之文獻學研究」從確定論文題名開始，即有牽涉廣博之虞，加上部分資料徵集不易，部分則亡佚無可查尋，又囿於學識方面侷限，使研究增添些許困難，往往力有未逮，僅能以勤補學識上之淺陋、困窘。然研究之途篳路藍縷，仍期透過研究達到三項成果，此三項成果亦為本論文研究價值之所在，茲於下論述：

一、尋求新資料

筆者所謂「新資料」非發現新的李文藻文獻，而是於李氏之外，尋求其它間接或相關的文獻資料，並重新整理、判讀及利用，為前學研究的途徑上尋求突破，此為本論文預期研究成果之一。

二、平實、公允評論

在資料的取得與考證，在能力所及範圍內，皆親力為之，不假二手人所論述者，目的回歸資料真實面貌，以利研究判讀及取證，依筆者所見、所作、所感平實論述，期論文有公允之研究，此為本論文預期研究成果之二。

三、舊說新論

關於李文藻議題之研究雖不多，然已有之學者陳言立說，仍有未盡之處，因此，希冀能善用前學研究，摒除原有成見，力求獨立見解或新意，發前所未發，此為本論文預期成果之三。

第二章　李文藻生平及著作考述

第一節　李文藻生平考述

一、齊魯環境

　　中華文化悠久、豐富，其能綿延流布，私人藏書實具有重要貢獻。舊有圖籍歷經時代消殘，若非歷來藏書家勤於搜訪、善加保護，並細心校讎，廣爲流傳，僅藉公家內府之收藏、維護與整理，實難以有今日豐碩成果。藏書文化發展由載體形式改變，印刷技術普及，〔註1〕引起圖書重大改變，藏書家也由局限少數學者、士大夫階層擴大至鄉紳、豪賈及一般讀書人，藏書觀點、目的也轉趨多元發展，如設立藏書樓、校書、編目、傳錄等。整個藏書文化至清一代達於極盛，齊魯藏書家有明確記載者近六百人之譜。

〔註1〕　載體形制改變，東漢末年之前，典籍形式主要是簡帛，即竹木簡及絲帛，由於竹木簡較笨重，書寫、攜帶和存藏不易；東漢末年蔡倫造紙技術突破，到了魏晉時期，紙張已逐漸代替了厚重的竹簡，而成爲良好的閱讀傳遞工具。但在當時書籍仍是以手抄寫的方式，如果一部書要製成一千本，就必須以手抄寫一千次，中途若抄錯則可能需重新抄寫。那如果是長篇文冊，則需投入之人力及時間可能需花費數十年之久，而且傳抄的過程中，無可避免必會發生錯誤的現象，日後便發生失眞的情形。因此隋末唐初的幾十年間發明了雕版印刷。北宋慶曆年間（公元 1041～1048 年）平民畢昇發明活字印刷術，活字印刷工藝簡單，使用和保存方便，工效又高，在畢昇發明活字印刷後，活字的印刷技術不斷得到改進和發展，並在元代和明代先後出現了木活字和金屬活字，印刷技術的普及，至清達於鼎盛。

　　山東，古爲齊魯之地，位處黃河下流，爲中華文化孕育之地，環境優越，發展出獨特人文背景，促使山東人才歷來輩出，學術發展蓬勃。至清一朝，山東地區有名顯於世者有：戲曲作家、文學家丁耀亢；經濟學家張爾岐；著名文學家《聊齋志異》作者蒲松齡；戲曲家《桃花扇》作者孔尙任；詩人王士禎、趙執信；書畫篆刻藝術家高鳳翰；書法家劉墉；地方志學家李文藻；學者孔繼涵；經濟學家、訓詁學家郝懿行；著名金石學家、校勘學家和書法家許瀚；文學鑒藏家、古錢幣學家李佐賢；金石學家陳介祺、吳式芬；甲骨文發現者王懿榮；藏書家周永年、楊以增；古籍輯佚家馬國翰等。

　　李文藻身處文化發達、學術興榮的時代與地域，尤其清乾嘉時期樸學盛行，其士人學子多是嗜書、藏書、精於目錄、校讎〔註2〕、文物、金石者〔註3〕，皆各任所好，或有專藏〔註4〕。李文藻於藏書、目錄、校讎、金石與詩文皆有

〔註2〕 清代精「目錄」者，有王士禎《池北書目》、周永年《借書園書目》、李文藻《所藏書目》、《所見書目》、劉喜海《劉燕庭藏書目》、許瀚《攀古籗書目》手稿本、馬國翰《玉函山房藏書簿錄》、楊紹和《楹書隅錄》、《續編》、楊氏《海源閣宋元秘本書目》、吳重憙《石蓋藏書》、王獻唐《雙行精舍書跋輯存續編》等。清代精於「校讎」者，有王士禎，其刻書多紙墨精善，校勘審愼，有盧見曾，曾參與《雅雨堂叢書》刊刻，並注《大戴禮記》，此本出，使詭舛千載之遺經得以復返，有周永年，其從《永樂大典》蒐輯佚書，並校讎而正，頗受好評。

〔註3〕 齊魯「金石學」首屈一指，梁啓超《近代學風之地理的分析》云：「山左金石學最富。自顧亭林來游，力爲提倡，厥後黃小松（易）宦斯土，蒐別日廣。斯土學者亦篤嗜之，有以名家者，海豐吳子苾（式芬），諸城劉燕庭（喜海），濰縣陳籗齋（介祺），黃縣丁彥臣，福山王蓮生（懿榮），皆收藏甚富，而考證日益精審。故咸同年間金石學度越前古，而山東學者爲之魁。」因此，金石的收藏、考訂成風。名收藏鑑賞家，有牛運震《金石經眼錄》、《金石圖》、王錫榮《選青閣藏器目》、《貨泉彙考》、《泉苑萃珍》，劉喜海《清愛堂彝器款識法帖》、《長安獲古編》、《古泉苑》、《嘉陰簃論錢絕句》等。道光以後，以陳介祺收藏「毛公鼎」最聞名，著有《籗齋金石文考釋》、《傳古別錄》、《陳籗齋丈筆錄》、《籗齋尺牘》、《籗齋藏古錄》等，吳式芬《捃古錄金文》、《捃古錄》、《金石彙目分編》、《雙虞壺齋藏器目》、《雙虞壺齋印存》、《陶嘉書屋藏印》，許瀚《攀古小廬金文考釋》、《攀古小廬碑瓦文字》、《許印林先生題跋》等，李璋煜《愛吾鼎齋藏器目》，王懿榮《漢石存目》、《南北朝石存目》、《寰宇訪碑錄補遺》、《福山金石志》（殘稿）、《古泉精選》等，李佐賢《古泉匯正續二集》，集古今錢錄於一，爲世所推重。

〔註4〕 收有「專藏」者，以周鼎彝、秦碣漢碑、錢幣、璽印最多。以藏書而言，注重版本者不少：焦竑藏宋本《六經正誤》6卷、《演繁露》6卷、《通鑑續編》24卷、《南軒先生文集》等；元刊本《臨書》200卷、明鈔本《呆齋藏稿》6卷；李文藻曾獲琉璃廠宋元人集鈔本二十餘種，現存者僅《段氏二妙集》；孔

可觀之處，茲從生平、著述作一概述探究其學問根柢。

二、李文藻生平

　　李文藻（1730～1778），字素伯，一字茞畹，號南澗，山東益都人（今山東青州縣）。生於雍正八年（1730），卒於乾隆四十三年（1778）。先世諱東武者自棗強（今河北棗強縣）遷益都春牛街，傳三世，至曾祖逢春，以孝行顯，耕稼栽種，善於治生，有子三人：元正、元增、元盛。元盛子遠，以貢生入貲，候選州判，即文藻之父。李文藻乾隆二十四年（1759）舉於鄉，二十五年（1760）會試中式，二十六年（1761）成進士，三十四年（1769）謁選得廣東恩平縣知縣，又奉調潮陽縣知縣，後擢廣西桂林府同知，未及一年，以癉不治，終於官舍，年四十九。事蹟見翁方綱〈李南澗墓表〉、錢大昕〈李南澗墓誌銘〉、〈李南澗詩集序〉、〈益都李氏宗祠記〉。〔註5〕

（一）二十九歲以前（1758 以前），勤謹為學時期

　　李文藻天姿俊逸清朗，年十三，隨父遊曹家亭子，倣蘇軾赤壁賦作一記，已顯其不凡之處。十五學為詩，二十一補縣學生，群覽今古典籍，不受世俗之學所影響牽絆，所至之處必交結賢豪長者。

　　文藻嘗自述其十五、六時，就極為景仰馮裕等「海岱七子」之詩集《海岱會集》〔註6〕一書，然始終遍尋不著未能得手。至乾隆十七年（1752），歲

繼涵藏有宋紹熙三年兩浙東路茶鹽司刊本《禮記注疏》63 卷、明清刊本《東萊呂氏連漢精華》40 卷。海豐吳式芬藏有宋刊巾箱本《增入名儒集議資治通鑑詳節》、元刊本《圖繪寶鑑》、影寫宋本《新定九域志》、影元鈔本《契丹國志》27 卷、明嘉定二年安正書堂刊本《詩經義疏會通》20 卷、毛氏汲古閣寫本《寶晉英光集》、舊寫本《春秋傳注》36 卷等，其中最為人稱道的楊氏海源閣，據《宋存書室宋元秘本書目》著錄，有宋本 103 種，元本 95 種，校本 133 種，鈔本 66 種，共計 397 種。

〔註5〕　李文藻事蹟除見翁方綱〈李南澗墓表〉（《復初齋文集》卷 14），錢大昕〈李南澗墓誌銘〉、〈李南澗詩集序〉（《潛研堂文集》卷 43、卷 26），尚可參見《漢學師承記》，《清史列傳》卷 72，《山東通史》明清卷列傳 12，李遇孫《金石學錄》卷 4，張舜徽《清人文集別錄》卷 7。

〔註6〕　《海岱會集》十二卷，此編為石存禮、藍田、劉澄甫、陳經、黃卿、劉淵甫、楊應奎與馮琦曾祖馮裕八人，結詩社於北郭禪林唱和之作，計詩七百四十九首。王士禛《古夫于亭雜錄》謂「八人皆不以詩名，而其詩皆清雅可觀，無三楊臺閣之習，亦無七子摹擬之弊」，當非阿其所好。〈提要〉云：「觀其社約中有『不許將會內詩詞傳播，違者有罰』一條，蓋山開林下自適性情，不復以文壇名譽為事，故不隨風氣為轉移。而八人皆閒散之身，自吟詠外別無餘

二十三，聞知書賈劉雪友處有寫本而不肯出借，文藻買一珍貴皮裘贈予書商，始許錄副。此時正值深冬嚴寒，呵凍手抄，辛苦備至，自十一月十一日至十二月十五日止始抄錄完畢。《海岱會集》爲一詩集，詩人作詩不追求世俗虛名，只爲吟詠眞性情，文藻學爲詩，慕之、抄之，自當受其影響，錢大昕所作〈李南澗墓誌銘〉云：「其詩古文皆自攄所見，不傍人門户，視近代模擬以爲大家，蔑如也。」〔註7〕此外，抄錄書籍除便於誦習、增強記憶外，通過抄錄尚可得到世所罕見秘本書籍之複本，文藻由此亦奠立了校勘上的基礎。爲求抄錄一書，持心定志，毫不懈怠，長達數年，終能一償所願。

（二）三十歲至四十一歲（1759～1769），待官講學時期

乾隆二十四年（1759）錢大昕主山東鄉試，文藻以第二人中試。大昕嘆爲：「天下才也」〔註8〕。二十五年（1760）會試，爲紀昀所取。又明年（1761），成進士，朝廷策試，博廣豐贍，爲進士最，因補試例不與進呈之列，然讀卷官一致同聲歡賞。至乾隆三十四年（1769）始謁選得廣東恩平縣知縣。

李文藻從錢大昕游，爲紀昀賞識相善，窮經志古，肆力於漢唐注疏，聚書數萬卷，皆自校讎，丹鉛不去手。聞王昶有惠氏易漢學諸書，揮汗借鈔，不以爲苦。〔註9〕文藻亦常至紀昀家中借鈔〔註10〕、檢曝書籍〔註11〕。

文藻主講丹陵、德州書院數年，並應諸城縣知縣宮懋讓之邀主纂《諸城

事，故互相推敲，自少疵纇，其斐然可誦，良亦有由矣。」今有明萬曆馮琦刻本及《四庫全書》本。見《四庫全書總目・集部・總集類四》（上海：上海商務印書館排印本，1933 年），頁 3933。

〔註7〕 〔清〕錢大昕：《潛研堂文集》（臺北：臺灣商務印書館，1967 年，《四部叢刊初編集部》，上海商務印書館縮印嘉業本），第 387 冊，卷四十三，頁 429。

〔註8〕 同前註。

〔註9〕 〔清〕王昶《蒲褐山房詩話》云：「素伯窮經志古，肆力於漢唐注疏，聞余有《惠氏易漢學》諸書，至余寓舍借鈔，大暑，漫膚多汗，沾漬衣襟，不以爲苦也。」（臺北市：廣文出版社，1973 年，據國立中央圖書館藏〔清〕道光30 年吳縣毛慶手定底稿本影印），頁 162。

〔註10〕 乾隆三十一年丙戌（1766），七、八月間，門人李文藻致書，求爲其先人撰墓誌銘。在〈與紀曉嵐先生〉曰：「前歲，從邸抄知吾師遭大故，驚痛踰時，羈於授徒，未能趨拜靈幃爲恨。」（〔清〕李文藻著：《南澗文集》（上海：上海古籍出版社，1998 年，《續修四庫全書・集部・別集類》，據清光緒刻功順堂叢本影印），第 1449 冊，卷下，頁 88。

〔註11〕 乾隆三十四年（1769），時紀昀遠戍烏魯木齊，而李文藻以謁選居京師，其間多次至紀昀家中，并爲之檢曝書籍。《紀曉嵐文集・附錄紀曉嵐年譜》（石家莊：河北教育出版社，1991 年 7 月），頁 339。

縣志》。鄉人有一善有可稱道者，文藻必樂道之，錢大昕云：

> 生平樂道人之善，鄉先正詩文可傳者，必撰次表章之。……德
> 州梁鴻翥，窮老而篤學，月必誦九經一過，鄉里咸目為癡。南澗一
> 見奇之，為之延譽，遂知名於世。〔註12〕

錢大昕與文藻皆好金石刻，筆者檢《潛研堂金石文字目錄》，錢氏所藏泰山碑
拓達百種之多，似對泰山石刻尤情有獨鍾；據其跋識不少便得自文藻惠贈，
可見李文藻在泰山為錢大昕廣搜石文，大大豐富了潛研堂所藏。其中如《泰
山石刻》跋云：「（前略）此本乃益都李進士文藻所貽，視嶽廟重刻本，真如
優孟之見楚相矣，吾子孫其永寶之。」〔註13〕師徒同嗜金石，互有交流，相
濡以沫，且錢大昕讚嘆其拓本宛若真跡，李文藻於當時金石摩拓之專業與功
力已臻上乘。是故錢氏在著錄泰山石刻面貌時，也每采文藻說法。

〈琉璃廠書肆記〉殆是此時期李文藻最為人所樂道之事。乾隆三十四年
（1769 年）五月，文藻至京師謁選，居留京師五月，其間無日不至琉璃廠書
肆〔註14〕，購書和借鈔書籍。十一月初離京赴廣東途中，撰〈琉璃廠書肆記〉
一文，既詳記各書肆名號、店主及其售書之來源，又記述自己購書和目睹罕
見之書的情況，由此可窺知其藏書癖好之一般。文藻云：

> 居京師五月餘，無甚應酬，又性不喜觀劇，茶園酒館，足跡未
> 嘗至，惟日借書鈔之，暇則步入琉璃觀書，雖所買不多，而書肆之
> 不到者寡矣。〔註15〕

琉璃廠書肆之興盛與纂修《四庫全書》也極有關係。因為當時參與纂修工作
文人，大多寓居於北京宣武門南，琉璃廠位置適中，又兼有景致，可供文人
游賞，因而為文人學士所常至，書肆於是應其需要而設。據翁方綱《復初齋
詩集》小注記載：

〔註12〕 同註14。

〔註13〕 〔清〕錢大昕撰：《潛研堂金石文跋尾》（上海：江蘇古籍出版社，1998 年，《歷
代碑誌叢書》），第三冊，卷1，頁131。

〔註14〕 琉璃廠，遼時京東附郭一鄉村耳，元於其地建琉璃窰，始有其名。清乾隆後，
漸成喧市，特商賈所經營者，以書鋪為最多，古玩、字畫、文具、箋紙等次
之，他類商品則甚少。舊時圖書館之制未行，文人有所需，無不求之廠肆；
外省士子，入都應試，亦皆趨之若鶩。蓋所謂琉璃廠者，已隱然為文化之中
心，其地不特著聞於首都，亦且馳譽於全國也。孫殿起輯：《琉璃廠小志》（北
京：北京古籍出版社，2001 年 2 月，第二刷）。

〔註15〕 同註17，頁76。

　　每日清晨，諸臣入院（翰林院）設大廚，供茶飯。午後歸寓，

各從所校閱某書應考某典，詳列書目，至琉璃廠書肆訪之。是時，

浙江書賈，奔輳筆下。〔註16〕

此外，李文藻於文中還說到除書業外，其他古玩書畫及文人有關的行業莫不紛集於此，如賣眼鏡、煙筒、日用雜物等，而遇見廷試時，則有賣試筆、卷紙、墨壺、鎮紙等。對於書肆專門記載始於文藻此篇〈琉璃廠書肆記〉，當無庸疑問。

（三）四十一歲至四十九歲（1769～1778），嶺南仕宦時期

　　文藻乾隆三十四年（1769）謁選得廣東恩平縣知縣。三十五年（1770）到任後，三十六年（1771）奉檄署新安縣，三十七年（1772）又奏調潮陽縣知縣，以海疆三年俸滿，保薦擢廣西桂林府同知，未及一年而歿。

　　文藻赴任之前，曾先訪錢師大昕求其訓誨，大昕勉其以「親民爲職」，〔註17〕文藻篤厚師門，謹遵力行，所到任處必觀風俗，考察士人，先問民疾苦，摘伏懲奸，任官十年間，粵人頌之，世以「廉、白、強、幹」稱其政事矣。

　　〈李南澗墓表〉云：「北方之樸學，嶺南之循吏也。」〔註18〕循吏者，遵理守法之官吏。《史記・太史公自序》云：「奉法循理之吏，不伐功矜能，百姓無稱，亦無過行，作循吏傳。」〔註19〕，今參恩平〔註20〕、新安〔註21〕、潮陽〔註22〕三縣志所載，將文藻於嶺南之政績整理如下：

〔註16〕〔清〕陳康祺撰：《郎潛紀聞》（臺北：文海出版社，1970年，《近代中國史料叢刊》），第56輯，第191冊，頁100。

〔註17〕〈送李素伯恩平任序〉云：「令以親民爲職，今之患在不親民，而親吏胥。民非相鬭訟，及法當拘攝，無由自通於官，而官之耳目，壹寄於吏胥，吏胥皆民之蠹，且亡賴者爲之。吏胥日用事，而民之情益無以自通，欲民譽之無失，則又難矣。」同註14，卷23，頁331～332。

〔註18〕〔清〕翁方綱：《復初齋文集》（臺北：文海出版社，1966年10月，《近代中國史料叢刊》），卷14，頁574。

〔註19〕日本瀧川龜太郎著：《史記會注考證》（臺北：洪氏出版社，1986年9月），頁1379。

〔註20〕〔民國〕余丕承等修，桂坫等纂：《恩平縣志》（臺北市：成文出版社，1974年，《中國方志叢書・華南地方》據民國二十三年鉛印本影印）

〔註21〕〔清〕舒懋官修，王崇熙纂：《新安縣志》（臺北市：成文出版社，1974年，《中國方志叢書・華南地方》據清嘉慶二十五年刊本影印）

〔註22〕〔清〕周恒重修，張其□纂：《潮陽縣志》（臺北市：成文出版社，1966年，《中

1. 懲盜牛

嶺南之地竊牛案件頻傳，因牛隻外觀色澤相似，即破獲盜賊亦多不承罪，官吏莫能定罪治理，束之無策。李文藻始至，即令飼牛之家，各於牛角印烙私記，凡有赴市集賣牛者，牙儈（即今仲介者）以印烙登錄簿冊，以印記付買主。如有告官失牛者，先以印記呈官，官遣役持印比對市集簿冊，無得隱者。大府稱善其措施，通令所轄各地比照辦理。此宛如現今之商標認證制度，頗具遠見。

2. 止械鬥

潮陽民好械鬥，往往殺傷多人。文藻到任，則懸銅鑼於堂上，有將械鬥者，令地保馳入城，擊銅鑼以告，立往拘捕懲治，眾則散矣，自是械鬥稍息。懸鉦以告，立往拘治，能預先防範，減少械鬥之發生。此一措施猶如今之預警系統，發揮良好之功效。

3. 釋冤獄

陽江縣民劉維邦，因母病延請道士作法，借鄰人刀十柄，縛成刀梯攀登以驅祟。吏索錢不遂，取刀送縣，誣告其有所不軌。文藻奉令前往查察，得其實情，呈告上官，劉維邦得以釋之。未久，陽江縣令以他事被彈劾，誤以為文藻之故，心中怨恨甚極，乃暗中遣親信僕役至恩平，欲探陰事而中傷之，然居暗訪察兩月無所得，乃罷。

4. 簡任能

縣故有東山書院，延進士鄭安道為師，購經史子集數十種，以教學者。

5. 提後進

勤於課試士，有一言之善，捐廉獎勵之。

6. 官廉白

潮陽與海陽、揭陽，俗稱三陽，仕其地者，多致富。文藻去官之日，囊橐蕭然，還至番禺，命工匠摹光孝寺貫休畫羅漢四軸以歸，曰：「此吾廣南宦橐也。」〔註23〕知生莫若師，錢大昕在〈得李南澗書知于廣州相待卻寄〉一詩中寫道：「憶舊多通烹鯉字，養廉半付刻書錢。」〔註24〕文藻之廉，實乃文

國方志叢書·華南地方》據清光緒十年刊本影印）

〔註23〕同註14。

〔註24〕〈得李南澗書知于廣州相待卻寄〉：「不見李生今五年，南行萬里一欣然。新詩想得江山助，名士仍兼政事傳。憶舊多通烹鯉字，養廉半付刻書錢。藥洲

－13－

藻將全付薪金投入藏書、刻書的活動上。

文藻仕宦嶺南時，讀書人每每以文就教，無虛日；此中李文藻獨稱欽州馮敏昌、順德胡亦常、張錦芳、黎簡、呂堅，而於黎尤爲傾倒，嘗爲馮、胡、張三人作嶺南三子歌。〔註25〕

文藻好書籍石刻，前有所述，於嶺南時期，所到之處亦無不搜羅，若有所得，必盡拓之。爲此曾發生一段趣聞：一日，文藻乘舟出迎總督，憩於南海廟，命僕拓碑，徹夜未眠。直至東方破曉，乃問總督，而舟已過矣。此事甚爲後人所樂道，讀書人之尷尬莫過於此。

李文藻極爲關心人民生活，曾三次考察古靈渠，疏通楚南米船航道。〔註26〕由於長年累月奔走於崇山峻嶺之間，染上瘴氣，背上長了膿瘤，治好又復發，「上下體欲百孔，脈血竟流，未及一月，僅存皮骨，飲食輾轉皆以人，午燒宵迷，氣斷復續。」〔註27〕自知病重，不得握筆作書，乃以口授其姪蔣器筆錄，將一生之親孝、交游，欲成、欲刊之書，殷殷囑託，句句肺腑，令人動容。山東賢達王獻唐先生曾爲之敘曰：

> 此爲彌留時所記，孝義之懷，友愛之情，哀惻懇摯，語語皆自至性中出，悽人心脾，爲之澀校墮淚者屢矣。生平篤於友誼，交遊遍天下，凡所述記，類涉掌故。而一義之立，一言之出，徵文考獻，敦品勵行，屬纊啓足之際，尚惓惓懷平度無改，烏虖是可風矣。
>
> 〔註28〕

直至臨終，文藻未能完成藏書和文稿之整理，留下遺憾，於乾隆四十三年（1778）八月初四日，卒於任所，享年四十九。

李文藻這一生除前所提之外，其像貌亦是一話題。其師錢大昕所說「長身多髯，赳赳如千夫長」，恐仍多有美化，清趙希璜在〈弔李南澗〉中悼念：

計日同吟嘯，窺鏡慚予□髮宣。」〔清〕錢大昕：《潛研堂詩集》（臺北：臺灣商務印書館，1967 年，《四部叢刊初編集部》，上海商務印書館縮印嘉業本），第 387 冊，續卷 2，頁 614。

〔註25〕〔清〕李文藻口授・甥蔣器記：《南澗先生易簀記一卷》（山東：山東省圖書館，《山左先喆遺書甲編》，民國二十三年瑞安陳氏襄殷堂校印本）云：「予於辛卯分校鄉試，得順德胡亦常。是歲又識其縣張藥房玉洲兄弟，遂益以庚辰所識欽洲馮魚山，定爲嶺南三子。」

〔註26〕同前註，頁 2

〔註27〕同註 32，頁 7～8。

〔註28〕同註 32，頁 46。

前身終南人，誕生早足異。一夢證因緣，形與圖中類。鬼眼炯

碧綠，蟹面轉嫵媚。皤腹于思然，闊口懸河似。〔註29〕

又李調元《雨村詩話》云：

益都李南澗文藻博學好古，工篆隸，尤精經術，嘗著九經古義

等書。由粵東令陞桂林司馬。貌黑而髯，其生之前夕，父夢鍾馗入

室，長而厥狀肖焉。其卒也，余門生趙渭川曾有詩弔云云。皆謂其

似鍾馗也。〔註30〕

文藻似鍾馗，身材高大，皮膚黝黑，有著大鬍子，天生異貌，亦天生異稟，

然英才早逝，斯是痛矣。

第二節　李文藻著述考

　　文藻為學無所不賅，乃能博通經史，專擅詩文，性嗜聚書。藏書為樂，

尤精於金石、方志、目錄之學，著書甚富，然惜其早逝，成書傳於世者少矣。

民國十八年（1929），王獻唐掌山東省立圖書館銳意收羅鄉邦文獻，尤用心

訪求李文藻著述，謂「以山東藏書，在清代乾嘉之際，以益都李南澗為最。」

〔註31〕有關李文藻著述之存佚情形，仍以王獻唐所撰〈李南澗之藏書及其他〉

〔註32〕一文較為詳備，惟仍有遺漏未收者，今就公私家藏書目錄，詳加耙梳

整理，按四部分類列表如下，表一：

類別	書　　名	版　本　存　佚	著　　錄
經	《毛詩本義》一冊	未刻	見《山東通志‧藝文志》
	《新爾雅》二卷	稿本	《中南、西南地區省圖館——館藏古籍稿本提要》
史	《南澗易簣記》一卷（李文藻口授，甥蔣器記）	民國二十三年瑞安襄殷堂排印本	《清史稿藝文志拾遺》、《山東文獻書目》
	《恩平程記》一卷	1民國二十年文安邢氏後思適齋鈔本	《中南、西南地區省圖館——館藏古籍稿本提要》

〔註29〕鄧之誠撰：《清詩紀事乾隆卷》（臺北市，鼎文書局，1971年，《歷代詩史長編二十四種‧首編一種》），頁37～38。

〔註30〕同前註，頁1608。

〔註31〕摘自王紹曾、沙嘉孫：《山東藏書家史略》（山東：山東大學出版社，1992年12月），頁357。

〔註32〕同前註。

	2民國二十年李有經抄本	《山東文獻書目》
	3稿本	今見《山東文獻集成》據山東省博物館藏稿本影印
《長途備忘錄》一卷	稿本	今見《山東文獻集成》據山東省博物館藏稿本
《琉璃廠書肆記》一卷	1民國十四年慎初堂排印本	《清史稿藝文志拾遺》、《山東文獻書目》
	2民國二十三年瑞安陳氏據原稿影印本	《山東文獻書目》
《歷代經籍志》四冊	稿本	《清史稿藝文志拾遺》、《山東文獻書目》
《都中購書目錄》不分卷	稿本	《山東文獻書目》
《諸城縣志》十卷	清乾隆二十九年刊本	《北京大學圖書館藏中文古籍善本書目》、《續修四庫全書提要》
《歷城縣志》五十卷（與歷城周永年合輯）	清乾隆三十七年刻本	《中國科學院館藏中文古籍善本書目》、《清華大學圖書館藏善本書目》、《北京大學圖書館藏中文古籍善本書目》、《續修四庫全書總目提要》
《堯陵考》	清高氏辨蟬居鈔本	《中國珍稀古籍善本書錄》、《山東通志·藝文志》
《青社拾聞》	亡佚	《山東通志·藝文志》
《金石目》	亡佚	《山東通志·藝文志》
《粵東金石略》	底稿爲北平翰文齋收去，現未知存佚	《山東通志·藝文志》
《泰山金石考》	亡佚	《山東通志·藝文志》
《益都金石考》四卷	亡佚	《山東通志·藝文志》
《山東元碑錄》一冊	亡佚	《山東通志·藝文志》
《金石書錄》四卷	亡佚	《山東通志·藝文志》
《雲門碑目》一冊	亡佚	《山東通志·藝文志》
《粵西金石記》一卷	稿本	《續修四庫全書總目提要》
《所藏書目》	亡佚	目見翁方綱《李南澗墓表》
《所見書目》	亡佚	目見翁方綱《李南澗墓表》
《所聞書目》	亡佚	目見翁方綱《李南澗墓表》
《自著年譜》	亡佚	目見翁方綱《李南澗墓表》

子	《餖飣錄》三卷	亡佚	《山東通志‧藝文志》
集	《南澗文集》	稿本五種： 1 不分卷，僅一冊，中國國家圖書館藏。 2 二卷，山東省博物館藏。 3 不分卷，分裝八冊，有王獻唐跋，山東省博物館藏。 4 爲殘存乾隆三十九年稿本，昌樂閻湘蕙輯，有民國王獻唐題記，山東省圖書館藏。 5 凡文三十三篇，其中《女丹霞小傳》、《黃岡二石橋記》、《葉淑人墓誌銘》等九篇爲諸鈔本及刻本所無，見《藏園群書經眼錄》。	《清人詩文集總目提要》
		鈔本三種： 1 《李南澗集》，不分卷次，上海圖書館藏清漢陽葉氏鈔本，有趙之謙題記。 2 《南澗文集》二卷，青島市圖書館藏鈔本。 3 《南澗文集補》一卷，中國國家圖書館藏清閻湘蕙輯，張鏡芙編，民國間七錄居鈔本。	《清人詩文集總目提要》
		刻本一種： 南京圖書館藏清末潘祖蔭輯爲《南澗文集》二卷，刻入《功順堂叢書》。	《清人詩文集總目提要》、《清史稿藝文志拾遺》、《山東文獻書目》
	李南澗先生古文三卷（閻湘蕙編）	稿本	《清史稿藝文志拾遺》、《山東文獻書目》
	南澗遺文	1 《邀園叢書》本	《清史稿藝文志拾遺》、《山東文獻書目》
		2 民國二十五年羅氏蟬隱廬石印本	《清人文集總目提要》

《嶺南詩集》八卷	清乾隆刻本	《中國科學院館藏中文古籍善本書目》、《清華大學圖書館藏善本書目》
李南澗詩文鈔	民國寶文齋刻本	《山東文獻書目》
《律詩合譜》	清刊本	《國立北平學圖書館善本書目》
《全唐詩五言八韻詩》四卷（與張希賢合輯）	清乾隆間刻本	《山東文獻書目》、《續修四庫全書總目提要》

茲就上表各公私家藏書目著錄，略述李文藻之述作：

一、《新爾雅》二卷

該篇筆者未見，僅從提要知其概要，提要云：「是稿共分三十五類，上卷十三類釋字；反訓字、對訓字、別訓字、疊韻形容字、雙聲形容字、復義形容字、重言形容字、兩讀字、重體字、語助字；下卷二十二類釋名：天、山、水、地、人、體、居、服、器、疾、祭、刑、數、采、鳥、獸、蟲、魚、草、木。每類材料不註出處，所釋方法獨特，如反訓篇云：『動，作，反靜。』與以反為訓者不同。」〔註33〕

目見《中南・西南地區省圖書館——館藏古籍稿本提要》；係謄正稿，尚未見刻本。又《湖南圖書館古籍線裝書目錄》，清稿本。

按：是編未見。

二、《南澗易簀記》一卷

此係李文藻病歿前，對生平嗜愛而未完成之事，以口授方式，請其甥蔣器筆錄之，提要云：「中除作病中痛苦語，則惓惓於平生未成之書，所親厚之友，所交接之學人文人，亦有涉于考據者。」

按：此集有「民國二十三浙江瑞安陳氏褱殷堂排印本」，1971 年臺灣商務印書館出版社影印山東圖書館藏，收入《續修四庫全書》。

三、《恩平程記》一卷

此編為李文藻謁選得官後，於赴任途中，將路上之見聞，信手隨書，做

〔註33〕陽海清主編，《中南、西南地區省、圖書館——館藏古籍稿本提要（附鈔本聯合目錄）》（武漢：華中理工大學出版社，1978 年 11 月），頁 46。

為備忘之用，其提要云：「李氏赴任取道河北、山東、江蘇、浙江、江西至廣東。途中如親友送迎，晉謁上官，名山覽勝，書肆購書，江、浙關津之詐，無一不記，獨於古刹名山之碑刻，所記多且詳，視此李氏之好古敏求，可見一斑。書末附《在京所鈔之書及所購鈔本目錄》、《在京購得刻本之佳者目錄》、《擬在蘇州購買之書目錄》、《行笈書目》以及途中欲訪之友的名單及其住址。」〔註34〕

　　按：此集有「民國二十年文安邢氏後思適齋鈔本」、「民國二十年李有經鈔本」，2007年山東大學出版社影印山東圖書館藏稿本，收入《山東文獻集成》第一輯。

四、《長途備忘錄》一卷

　　此編原附《恩平程記》之中，即提要所云：「途中如親友送迎，晉謁上官，名山覽勝，書肆購書，江、浙關津之詐，無一不記，獨於古刹名山之碑刻，所記多且詳，視此李氏之好古敏求，可見一斑。書末附《在京所鈔之書及所購鈔本目錄》、《在京購得刻本之佳者目錄》、《擬在蘇州購買之書目錄》、《行笈書目》以及途中欲訪之友的名單及其住址。」另抽離成集，其中所錄書目為筆者彙整李文藻藏書內容之重要資料來源。

　　目見《山東文獻集成》，稿本，2007年山東大學出版社影印山東圖書館藏稿本，收入《山東文獻集成》第一輯。

五、《琉璃廠書肆記》一卷

　　此係李文藻居京謁選時期，流連琉璃廠書肆之情形，其中詳記在琉璃廠各書肆之名號、店主人以及所售書籍之來源，並留下自己購書與所見罕有書籍之情形；此外，也記載當時於書業之外的其他行業盛況，為歷來有關書肆介紹較為完整且詳實之首篇文章。

　　目見：《清史稿藝文志拾遺》、《山東文獻書目》，此記有民國十四年慎初堂排印本、民國二十三年浙江瑞安陳氏據原稿影印本。1998年上海古籍出版社據清光緒刻功順堂叢本影印收入《續修四庫全書》。

〔註34〕同前註，頁94。

六、《歷代經籍志》四冊

目見《清史稿藝文志拾遺》，係稿本；又見於《山東文獻書目》。

按：是編未見。

七、《都中購書目錄》不分卷

目見《山東文獻書目》；係稿本。

按：是編未見。

八、《諸城縣志》十卷（於第五章第一節有專門論述）

九、《歷城縣志》五十卷（於第五章第二節有專門論述）

十、《堯陵考》二卷

此係李文藻對堯陵位置之考證，考證資料豐富，然未能成書。益都段松苓得其遺稿，繼以摭拾整理，並附上己見，名之爲堯陵考。提要云：「堯陵舊有二說。一穀林說，在山東荷澤縣東北五十里，舊雷澤城西，與濮縣接界；一神林說，在山西臨汾縣東七十里。是書卷上陵廟，卷下歷代建置祭告。所引史書十餘種，如《帝王世紀》、《山東府志》、《明孝宗實錄》等。其間并有文藻按語，如《山東通志》云：『帝堯廟在濮州東南九十里，故成陽城西即堯陵也，舊有堯母靈臺並中山夫人祠。』文藻按云：『陵在州東南，實六十里，云九十里，誤。』據有關史書，堯陵在今山西臨汾縣城東北約七十里之郭村西隅、澇河北側。陵之周圍土崖環抱，陵阜崇隆，澇水經流其南，陵前祠宇恢弘，松柏蒼翠。唐宋元明清歷代都不斷重修，祠內建築有山門、牌坊、獻殿、碑亭、廂房等，在局整齊嚴謹，紅墻綠瓦，木雕精細，是以較完整的明清古建築羣。此李書以堯陵在濮州而詳加考證，前有圖。……此書未有刻本，文藻稿本及段松苓之續補稿本今已不傳，僅有此高氏傳抄本延其一脈，近現代之研究帝王陵寢史之學者皆未之得見。今藏美國哈佛大學燕京圖書館。」

目見《中國珍稀古籍善本書錄》、《山東通志·藝文志》，清抄本。

按：是編未見。

十一、《粵西金石記》一卷

李文藻一生嗜金石，所到之處有金石碑銘，無不訪尋椎拓。從其《嶺南詩集》中亦可見其於嶺南蒐拓之實錄，該編雖名「粵西」，實僅及桂林地區，即李文藻最後任職之處，任官未及一年即歿於任所，想是有所遺憾。提要云：「是編前後無序跋，惟分縣記石刻目錄，題雖以粵西為名，而記中所列各刻，只桂林所屬，臨桂、興安、靈川、陽朔、永寧、永福、義甯、金州、灌陽八州縣之石刻，其餘府廳州縣石刻，概未之及。」而李文藻在其《易簣記》亦云：「目錄已具，此則僅限於桂林一府，蓋其刻記中一部分□稿也。不分存佚，只採寶刻叢編，天下金石志、興地碑記、名勝志、桂勝、廣西志、靈川縣志、永甯州紀署、金州志諸書所載桂林古刻，彙而錄之，殊□向未著錄之古刻，惟於臨桂所屬。讀書巖隱山、潛洞、西山、中隱山、清秀山、琴潭山、灘水、雉山、白龍洞、曾公巖、龍隱巖、劉仙巖、伏巖、七星巖、山元風洞、屏風巖、寶積山、華景洞、穿山諸處，唐宋以來題名，凡桂勝所載者悉為輯錄，尚為詳備；而靈川屬縣之唐衡嶽道士李彌明詩刻、宋張南軒謁唐帝廟辭、張南軒堯山廟田碑、進士題名碑、威靈顯震碑、李文和神道碑、張維渴堯廟碑、海陽廟碑、元重修雄寺碑、遷建文廟記、歸後堯廟記、灌陽縣之宋重建灌陽儒大成殿記、元重修大覺寺碑、亦可補諸家錄，所輯□□待訪石刻諸目之遺也。」

目見《續修四庫全書總目提要（稿本）》，稿本。

按：是編未見。

十二、《南澗文集》二卷　功順堂叢書本

是編無序跋，其內容所載分為考、論、議、序、記、跋。有關考據文字，詳確可觀，如〈南漢二鐵塔考〉、〈姑幕攷〉、〈魯孝王刻石跋〉，等皆考據甚博；〈與紀曉嵐先生書〉，論馬驌遺著，可為宛斯著作之掇聞，皆當時學林之資料。從文章中處處顯露出李文藻在校勘與金石上的投入專注，及其與師尊之間往來密切，至其散文亦條暢可觀，然非文藻之所以取名於今世者也。

目見《清人詩文集總目提要》、《清史稿藝文志拾遺》、《山東文獻書目》，此集為南京圖書館藏清末潘祖蔭輯《南澗文集》二卷刻入功順堂叢書。1998年上海古籍出版社依清光緒刻功順堂叢書本影印收入《續修四庫全書》。稿本。

十三、《全唐五言八韻詩》四卷

此編爲清張希賢與李文藻同編。是集乃因清乾隆初年改會試論表判爲五言八韻唐律一首，恐士子不諳，選爲此編，以爲應試者之範例。是以取全唐詩，錄其八韻者，凡四百餘首，其御製應制應試者十之三，詠物贈答者十之七，拗體、齊梁體間亦收入，希賢序：「謂我朝因明舊制分試三場，諸體俱備，而於詩獨闕。康熙乙未廷議去判增詩，以覘淹博，旋恐窮陬下士，未必盡諳宮商，其事遂止。今皇帝御極二十有二年春，特論立法程材，無貴勦襲。嗣後禮部會試，可黜論表判勿用，而易以五言八韻唐律一首，會試後，臺臣請行之鄉試，復俞其奏，於是海內之士，聞風興起，謂此宋元明數百年所不能行，而我聖祖仁皇帝欲行而未果者，不意今日眞見實行云云。」書首附律詩全譜，則李文藻取王士禎律詩定體、趙執信聲調譜論五七言律詩，合而刊之，示初學之唐律體例者。

目見《山東文獻書目》，清乾隆間刊本。

按：是編未見。

十四、《律詩合譜》不分卷

清乾隆會試改判唐律，學子多對唐律聲調生疏，惶論應試，遂進行體例及調譜之整理，並期學子游於古風之作。李文藻爲此篇寫下序言，收錄於《南澗遺文二卷附錄一卷補編一卷》，其序云：「唐人爲詩，有格有式有例，有密旨，有祕術，有主客之圖，斤斤焉惟恐逸出矩矱之外，其時以詩取士，士期見錄於有司，故法極嚴，而爲之不敢苟。宋元之際聲調浸微，迄於明季，遂至今體亦多落調者，蓋詩學不講久矣。國家宗匠輩興，吾鄉爲盛，王尚書、趙贊善兩先生，其尤盛者也。尚書之學，聞諸吳梅邨，而贊善本於海虞馮氏，所爲聲調譜，最先出。近尚書後人，亦刊其律詩定體一書，指眡聲病，各無留蘊，雖曰津梁初學，實有高才洽聞，號爲老師辭伯，主詩壇數十年，而未能了然其故者，則兩先生之有功風雅，豈其微哉！同里張碩士，與余輯選唐八韻詩畢，諷余述唐律體例，爲初攻試帖發軔之藉。余曰盡乎兩先生之言矣。逐錄律詩定體及聲調譜所論五七言律詩，顏以律詩合譜，以弁卷首，既省余贅說，又爲兩先生廣其傳，夫上以是求，下無不以是應，自今以往，作者宜如射的，不中焉不止。其格律聲調要使唐賢復生，必有鍼磁之合投，而無枘鑿之難入，彼狂且囈語，所謂一三五不論者，至於根柢漢魏，出入風騷，惟

樂府古詩是爲，而不以試帖自限。此詩人之本旨，乃尙書贊善，所以執牛耳奔走天下之士者，兩先生全書具在，學者發而讀之可也。」

目見《國立北平圖書館善本書目》，清刊本。

按：是編未見。

十五、《嶺南詩集》八卷

李文藻一生寫下了大量的詩篇，有《嶺南詩集》8 卷，共收詩歌 571 首，由於李文藻任官嶺南，關心民生，勤於奔走基層，因此詩作內容非常廣泛，其中充滿了嶺南地區風土民情，舉凡地形氣候、物產經濟、歷史人文古蹟等，也保留珍貴的文獻資料。《清人詩文集總目提要》云：「所作詩文，生前多未付梓。自定《南澗詩稿》八卷，內《恩平集》一卷、《潮陽集》三卷、《桂林集》四卷，稿本，北京大學圖書館藏。卒後付梓，改題《嶺南詩集》，仍爲八卷，凡古今體詩五百七十餘首，乾隆間刻，中國國家圖書館藏。錢大昕序其詩，謂『似近而遠，似質而雅，似淺而深。』」

目見《中國科學院圖書館藏中文古籍善本書目》、《清華大學圖書館藏中文古籍善本書目》，清乾隆間刊本。

附錄：李文藻年譜簡編〔註35〕

年　代	西元	年齡	生　平　事　蹟
清雍正 8 年庚戌	1730	1	
清雍正 9 年辛亥	1731	2	
清雍正 10 年壬子	1732	3	
清雍正 11 年癸丑	1733	4	
清雍正 12 年甲寅	1734	5	
清雍正 13 年乙卯	1735	6	
清乾隆 1 年丙辰	1736	7	
清乾隆 2 年丁巳	1737	8	
清乾隆 3 年戊午	1738	9	

〔註35〕原李文藻有〈自著年譜〉然已亡佚未見，今筆者依翁方綱〈李南澗墓表〉、錢大昕〈李南澗墓誌銘〉、〈李南澗詩集序〉、〈益都李氏宗祠記〉及李氏本身詩、文集等，並就志書、筆記、同時人著作等加以整合排比，編成此一年譜簡編。

清乾隆 4 年己未	1739	10	
清乾隆 5 年庚申	1740	11	
清乾隆 6 年辛酉	1741	12	
清乾隆 7 年壬戌	1742	13	年十三，從父游曹家亭子，作一記，仿《赤壁賦》，見者以爲神童。
清乾隆 8 年癸亥	1743	14	
清乾隆 9 年甲子	1744	15	學爲詩
清乾隆 10 年乙丑	1745	16	
清乾隆 11 年丙寅	1746	17	
清乾隆 12 年丁卯	1847	18	
清乾隆 13 年戊辰	1748	19	
清乾隆 14 年己巳	1749	20	
清乾隆 15 年庚午	1750	21	補縣學生
清乾隆 16 年辛未	1751	22	
清乾隆 17 年壬申	1752	23	聞書賈劉雪友有《海岱會集》寫本而不肯假觀，爲買一裘，始許錄副。
清乾隆 18 年癸酉	1753	24	
清乾隆 19 年甲戌	1754	25	
清乾隆 20 年乙亥	1755	26	
清乾隆 21 年丙子	1756	27	
清乾隆 22 年丁丑	1757	28	
清乾隆 23 年戊寅	1758	29	
清乾隆 24 年己卯	1759	30	錢大昕主試山東，文藻以第二人中試。 應泰安府知府顏希深之邀，參加《泰安府志》編纂，得博覽泰山石刻，并與時供職縣志館之聶鈫訂交。 八月，與鄧謙持論詩訂交於歷下
清乾隆 25 年庚辰	1760	31	紀昀充會試同考官，文藻等取士。
清乾隆 26 年辛巳	1761	32	五月，爲紀師跋《張爲主客圖》，紀昀勉其古書散亡者，可匯而錄之，收殘拾漏。 七月，李文藻同門師紀昀對《庚辰集》一書檢閱，爲之注。
清乾隆 27 年壬午	1762	33	九月，與紀師書 應諸城知縣宮懋讓之邀，主纂《諸城縣志》
清乾隆 28 年癸未	1763	34	紀昀任福建學政，升侍讀，聘李文藻等佐學幕。 於德州書院授徒。

清乾隆 29 年甲申	1764	35	
清乾隆 30 年乙酉	1765	36	五月於濮州丹陵書院〈書呂貞婦傳後〉 擬作堯陵一書而未果，卒官後，由段松苓掇拾遺稿續補完成。 冬，於泰安爲錢大昕引介畾釵。 十一月，序鄧謙持《午厓初稿》。
清乾隆 31 年丙戌	1766	37	七、八月間致書紀師曉嵐，求爲先人撰墓誌銘，同時又求錢師大昕爲母作墓誌銘，爲父作墓表。
清乾隆 32 年丁亥	1767	38	
清乾隆 33 年戊子	1768	39	
清乾隆 34 年己丑	1769	40	五月至十一月，李文藻以謁選居京師，寓百順胡同其間多次至紀昀家中，並爲之檢曝書籍。得見惠定宇經義底稿《周易述》、《易漢學》、《周易本義辨證》、《左傳補注》、《古文尚書考》等數種。另暇時則步入琉璃廠書肆觀書。離京赴廣東恩平縣途中，撰成《琉璃廠書肆記》。 九月二十五日，簽選廣東恩平縣。 十月初三日，引見。 十月二十三日，領憑。 十一月初七，出京。 從出京至到任，首途前後所記，信筆雜書，用以備忘，撰成《恩平程記》一卷。
清乾隆 35 年庚寅	1770	41	到任恩平縣。 分校廣東省試。
清乾隆 36 年辛卯	1771	42	分校鄉試，得胡亦常。 羅臺山訪文藻於恩平。 署新安縣。 十月，同羅臺山自新安遊南海廟。
清乾隆 37 年壬辰	1772	43	奉調潮陽縣知縣。 路過廣州之時，結交黎簡。 冬，爲馮敏昌、胡亦常、張錦芳作《嶺南三子歌》。
清乾隆 38 年癸巳	1773	44	應歷城縣知縣胡德琳之請，與周書昌主纂《歷城縣志》。 閏三月，鄧謙持寄時文十三首予文藻。
清乾隆 39 年甲午	1774	45	
清乾隆 40 年乙未	1775	46	
清乾隆 41 年丙申	1776	47	鄧謙持卒。

清乾隆 42 年丁酉	1777	48	北歸,三月至淮安。 四月十七日,翁方綱邀孔繼涵同拓法源寺金明昌二年碑,文藻往觀,並啜茶於僧寮,聽談潭柘界台之勝。晚飲於青棠書屋,同觀閔惇大所藏〈甲申十同年圖〉卷子。 四月十九日,李文藻與翁方綱、梁鴻翥、程晉芳、周永年、陳以綱、丁錦鴻、孔繼涵飲于米市胡同。 六月自京師請假歸里。 六月七日,李文藻、錢坫觀翁方綱藏宋槧施顧注《蘇東坡詩》。 戴震卒。 赴任廣西桂林府同知。 十一月十九日,跋《寶刻類編》。
清乾隆 43 年戊戌	1778	49	臨歿前,自述生平未成之事,使其甥蔣器筆錄,成《南澗易簀記》一卷。 張錦麟卒。 七月十五日,序《鄧謙持稿》。 八月四日,卒於任內。

第三章　李文藻交游考

　　李文藻生平篤於友誼，廣交游，據《詩集》、《文集》統計平日交游總數，逾百人，詳考人名，其中不乏當代大家，一時碩儒，聲聞於世者，如戴震、翁方綱、邵晉涵、周永年、羅有高等，皆與之友善。仕宦嶺南時，士子以文求教終日不絕，又喜獎掖後進，不遺餘力，嘗作《嶺南三子歌》，獨稱馮敏昌、胡亦常、張錦芳，而于黎簡，尤爲傾倒。與文藻交游而能考得者，依與文藻關係，分爲師承及友人二類，並按生年先後，於下敘述以明文藻交游之梗概。

第一節　師　承

一、紀　昀（1724～1805）

　　紀昀，字曉嵐，一字春帆，晚號石雲，道號觀弈道人、孤石老人，清直隸獻縣（今河北獻縣）人。生於清雍正二年（1724）六月，卒於嘉慶十年（1805）二月，歷雍正、乾隆、嘉慶三朝，享年八十二歲。因其嘉慶帝御賜碑文：「敏而好學可爲文，授之以政無不達」〔註1〕，故卒後諡號「文達」，鄉里世稱文達公。

　　紀昀出身書香門第，〔註2〕乾隆十九年（1754）中進士，入翰林院爲庶

〔註1〕　同註18，頁723。
〔註2〕　紀昀出身書香世家，其高祖紀坤（1570～1642），庠生，屢試不第，有詩名，
　　　　著有詩集《花王閣剩稿》。曾祖父紀鈺（1632～1716），十七歲博士弟子員，後
　　　　入太學，才學曾受皇帝襃獎。祖父紀天申（1665～1732），監生，做過縣丞。
　　　　父親紀容舒（1685～1764），康熙五十二年（1713）恩科舉人，歷任戶部、刑

吉士。乾隆三十三年（1768），因坐盧見曾鹽務案，謫烏魯木齊佐助軍務，於沿途積極與人交流，寫下不少作品，後整理成冊，即爲《閱微草堂筆記》。後因乾隆皇帝修書需要，由劉統勳薦舉召還，乾隆三十八年（1773），受命爲《四庫全書》館總纂官，收書凡 3461 種，79309 卷，分經、史、子、集四部；又修《四庫全書總目提要》、《熱河志》。歷任編修、庶吉士、福建學政、兵部侍郎、左都御史、兵部尚書、協辦大臣、加太子少保等。著有《閱微草堂筆記》、《紀文達公遺集》、《評文心雕龍》10 卷、《歷代職官表》63 卷、《史通削繁》4 卷、《河源紀略》36 卷、《鏡烟堂十種》、《畿輔通志》、《沈氏四聲考》、《景成紀氏家譜》等。觀紀曉嵐一生，有兩件事情做得最多，一是主持科舉，二是領導編修，〔註3〕故門下士甚眾，在士林影響頗大。事蹟見：《清史列傳》卷 28、《清史稿校註》卷 327、《清儒學案小傳（三）》卷 8。

乾隆二十五年（1760），紀昀充會試同考官，文藻爲其取士，尤受紀曉嵐賞拔。文藻厚篤師門，常有往來。《南澗先生易簀記》中寫道：「予去歲在紀師房宅住兩月，多所見聞。」文藻未任官前，即常至紀師家裏走動，筆者檢閱《紀曉嵐年譜》，乾隆二十六年（1761）五月記載：

> 爲跋《張爲主客圖》，紀昀勉其古書散亡者可滙而錄之，收殘拾漏。七月紀昀同門生李文藻等對《庚辰集》諸書檢閱，爲之注。
> 〔註4〕

文藻受其紀昀之勉勵，對於書籍檢校頗用心爲之，終能成爲校勘名家。〔註5〕又乾隆二十八年（1763），紀昀任福建學政，聘李文藻等佐學幕，〔註6〕可見

部屬官，外放雲南姚安知府，爲政有賢聲。其道德文章，皆名一時，尤長考據之學，著有《唐韻考》、《杜律疏》、《玉台新詠考異》等書。以上係整理〔清〕紀昀著、孫致中點校：《紀曉嵐文集》（石家莊：河北教育出版社，1991 年 7 月）。

〔註3〕 紀曉嵐一生，曾兩次爲鄉試考官，六次爲文武會試考官；先後做武英殿纂修官、三通館纂修官、功臣館總纂官、國史館總纂官、方略館總校官、四庫全書館總纂官、勝國功臣殉節錄總纂官、職官表總裁官、八旗通志館總裁官、實錄館副總裁官、會典館副總裁官等。以上係整理〔清〕紀昀著、孫致中點校：《紀曉嵐文集·附錄紀曉嵐年譜》（石家莊：河北教育出版社，1991 年 7 月）。

〔註4〕 同註18，頁 311。

〔註5〕 張之洞《書目答問》附錄二《國朝著術諸家姓名略》將山東名士列入者有：盧見曾、李文藻、周永年爲校勘學家。以上參考王紹曾撰〈山東藏書家概述〉，收入王紹曾《目錄版本校勘學論集》（上海市：上海古籍出版社，2005 年 1 月），頁 919。

〔註6〕 同註18，頁 317。

紀昀對文藻之重視。然而對於紀昀賞拔，文藻卻無緣與之俱行，甚感憾恨。〔註7〕文藻在給恩師信箋中不時流露出感念師恩，謹記訓誨，在〈與紀曉嵐先生〉信中回憶道：

> 文藻在同門十人中，材質最駑劣，師教之特勤，遇之特厚，回籍日恨其不得一官爲悵惘不快，詩三篇以著書相勉，俾文藻不感場屋之薦拔，而感場後諄諄之誨，自忘其爲暗中描索之門生，而願執經受業之弟子。〔註8〕

文藻成進士，卻因補試例不與進呈之列，難免有些失意，而紀昀卻能勸勉其勤於著述，這讓文藻深感知遇之恩。故此，詩作中多有對紀昀之思，如〈上紀曉嵐先生〉二首：

> 不奉巾綦十載餘，知音未報鬢毛疎。受衣去後翻多難，作吏前時已廢書。丹藥甘輸餂鼎犬，銅章竟似上竿魚。同門衮衮多才彥，盡被提攜到石渠。〔註9〕

詩中不僅表達對未能再侍奉老師左右之感慨，也充滿欣羨，同門多人進入館閣編修《四庫全書》，隱約也帶著些許遺憾，未能同志相趣。

二、錢大昕（1728～1804）

錢大昕，字曉徵，一字辛楣，號竹汀居士，晚號潛研老人，江蘇嘉定（今上海）人。乾隆十六年（1751）召試舉人，內閣中書。乾隆十九年（1754年）成進士，選翰林院侍講學士。歷官山東、浙江、河南鄉試官、少詹事、廣東學政。乾隆四十年（1775年），居喪歸里，引疾不仕。歸田三十年，潛心著述課徒，歷主鍾山、婁東、紫陽書院講席。始以辭章名，既乃精研史，蔚爲著述，文字、音韻、訓詁、天文、地理、氏族、金石等均瞭如指掌。曾參與編修《熱河志》、《音韻述微》、《續文獻通考》、《續通志》、《一統志》及《天球圖》等巨著，並撰有《二十二史考異》100卷、《元史藝文志》4卷、《諸史拾

〔註7〕 〈與紀曉嵐先生書〉云：「（前略）自聞吾有督學之命，即盼行旌，冀得面誨。茲接家信，知姊氏病篤。姊素爲家母所鍾愛，恐有不測，母必過慟，謀即連夜馳歸，勢不能候于此，且某已應諸城修志之聘，擬在歲前開局，又恨不能追隨左右，爲閩中之游也。私懷悵惘，惟吾諒之。」同註17，卷下，頁89。

〔註8〕 同前註。

〔註9〕 〔清〕李文藻撰：《嶺南詩集》（上海：上海古籍出版社，1998年，《續修四庫全書・集部・別集類》，據清乾隆刻本影印，第1994冊），頁18～19。

遺》5 卷、《潛研堂文集》50 卷、《詩集》20 卷、《潛研堂金石文跋尾》25 卷、
《金石文字目錄》9 卷、《十駕齋養新錄》23 卷、《竹汀日記鈔》3 卷。事蹟具
見：《清史列傳》卷 68、《清史稿校註》卷 488、《清儒學案小傳（二）》卷 9、
《碑集傳》卷 49。

　　乾隆二十四年（1759 年），錢大昕主山東鄉試，李文藻高中舉人第二名，
成爲錢氏得意門生。李文藻小錢大昕兩歲，二人一生書信來往，交游不斷。
錢大昕不僅爲李文藻之父李遠、母邢氏及文藻撰寫墓表及墓誌，亦爲文藻弟
文淵（字靜叔）作過〈李靜叔傳〉，可見錢大昕、李文藻之間師友相交深厚之
情誼。

　　錢大昕與李文藻師生情誼之相投有如知己相交，其銘南澗墓曰：

> 南澗與人，交有終始，雖交滿天下，獨喜就予。在京都日相過
> 從。其歸里也，每越月逾時，手書必至。得古書碑刻，或訪一奇士，
> 必以告。及出宰劇縣，在七千里之外，奔走瘴癘，簿書填委，而書
> 問未嘗輟，覼縷千百言，從不假手幕客。〔註10〕

由文中可知，文藻與錢師大昕過從甚密，每事必以告，書問未曾中斷。錢大
昕又序《南澗詩集》曰：

> 南澗之性情，與予略相似。予好聚書，而南澗抄書之多過于予；
> 予好友朋，而南澗氣誼之篤過于予；予好著述，而南澗詩文之富過
> 于予。世俗以鄉會試所得士，與試官相稱爲師弟，特以名奉之，而
> 吾兩人乃以臭味相合。方其在京華，每一日不相見，撫恤悵然若失，
> 不知其何以然也。〔註11〕

所謂臭味相投，實乃志同道合，一日不見，竟悵然若失，眞如膠漆，情感眞
摯。文藻赴恩平任時，曾先至錢大昕處求其訓誨，大昕贈序一篇云：

> 素伯出其讀書之所得者，小試之，必異於俗吏所爲。又聞粵中
> 諸大官，頗有知素伯之賢者，庶幾毋掣其肘，而盡其心之欲爲。異
> 日，五嶺以南，有如古循吏其人者，必素伯也。毋患民譽之不古若
> 也。〔註12〕

文中對李文藻將赴任廣東恩平，其殷切誨其爲官之道，且「庶幾毋掣其肘」

〔註10〕同註 14，卷 43，頁 429。
〔註11〕同前註。
〔註12〕〔清〕錢大昕：〈送李素伯之任恩平序〉，同註 14，卷 23，頁 331～332。

一句將其疼惜之愛表露無遺。文藻遠處廣東時，於詩文中常流露出對師恩之情，如〈奉寄座主錢辛楣先生四首〉詩云：

> 尺一天上至，淚流難自禁。平生感恩館，努力守官箴。問俗笏
>
> 竹徑，講書榕樹陰。寧人譏政拙，未敢負初心。（之三）

> 萬里充筐篚，端州石室碑。先生所嗜好，貧臣力能為。史局兼
>
> 歐宋，經筵匯孔姬。無由窺述作，夜夜夢皋比。（之四）〔註13〕

文藻字字句句真情流露，謹守教誨，為官勤儉公正，無一不是感念報答浩蕩師恩。易簀之時，仍不忘師恩訓誨：「錢先生云：『讀書要勤、要老實，未有不成者，詩文多做則佳。』」〔註14〕文藻遵師訓，終身服行，至死不敢有所悖離。

第二節　友　人

一、戴　震（1724～1777）

戴震，字東原，安徽休寧隆阜（今屬屯溪）人。讀書好深湛之思，從婺源江永游〔註15〕。乾隆二十七年（1762年），舉於鄉試，三十八年（1773年），詔開四庫館，總裁薦震充纂修，四十年（1775年），特命與會試中式者同赴殿試，賜同進士出身，改翰林院庶吉士。四十三年（1777年），卒於官，年五十有五。著《戴東原集》、《方言疏證》10卷、《毛鄭詩考》4卷、《儀禮考正》1卷等。事蹟見：《清史列傳》卷68、《清史稿校註》卷488、《清儒學案小傳（二）》卷8。

李、戴二人交往，據兩人所留下之文獻考證，似無實際之接觸，但彼此心儀、敬仰對方，卻如同知己一般。戴震在〈周書昌別傳〉一文中，特別提到與李文藻緣慳一面，引為憾恨：

> 始余遊京師，於書肆見偉丈夫，黝澤而髯，取肆書，都目流覽，
>
> 絕疾似無所當意者，掉臂竟去。余微跡之，益都進士李文藻也。後

〔註13〕同註51，頁7。

〔註14〕同註32，頁4。

〔註15〕江永（1681～1762），字慎修，清安徽婺源人。博通古今，致力於十三經注疏，於三禮之功尤深。長於比勘，步算與聲韻亦精；休寧戴震之學，得力於永為多，世稱為江戴。著有周禮疑義舉要、鄉黨圖考、古韻標準等。事蹟具見：《清史稿》卷四百八十一、《安徽府志》、《婺源縣志》。

見書昌髯偉絕類李君，因悉李君志奇好古，亦似書昌。時李已出爲
廣東知縣，與書昌往復搜刻山東前輩遺書，不遺餘力。余恨未得交
李君也。〔註16〕

戴震恨與文藻失之交臂，然與書昌同好，書昌又與文藻莫逆之交，或許透過
書昌使得兩人爲之神游交往，推而可知矣。文藻在〈與紀曉嵐先生〉一信中，
爲求先人墓誌銘提到：

先母誌銘即求嘉定座師，俱擬臘月勒石，書者爲京兆竇公篆，
蓋若得戴東原先生，則不必假名他人。〔註17〕

「蓋若得戴東原先生，不必假名他人。」自不待言，文藻之心仰如此，若求
得東原書，先人名自揚。

按：惜李、戴二人互動、交情資料不多，待考。

二、周永年（1730～1791）

周永年，字書昌，一字書愚，自號林汲山人。其先浙江餘姚人，自高
祖遷居山東歷城。自幼好學，過目成誦；少長，於學無所不窺。永年故貧，
百無嗜好，獨嗜書，見則脫衣典質，務必得，得則卒業乃已。乾隆三十六
年（1771年）進士，與邵晉涵同徵修四庫書，改翰林院庶吉士，授編修。
四十四年（1779年），充貴州鄉試副考官。五十六年（1791年）乞病歸里，
秋七月卒，年六十二。事蹟見：《清史稿校註》卷488、《碑集傳》卷50、《山
東通史・列傳》、戴震〈周書昌別傳〉《章氏遺書》章18、《山東藏書家史略》。

《四庫全書總目》雖紀昀、陸錫熊總其成，然戴震於經部，邵晉涵於史
部，周永年於子部，皆各集所長。〔註18〕永年於子部，蓋集畢生之力，故子
部綜錄獨富。此外，永年見收藏家易散，有感於明末曹學佺之說〔註19〕，作

〔註16〕〔清〕戴震：《章氏遺書》（臺北：漢聲出版社，1973年1月），章18，頁408。
〔註17〕同註17，卷下，頁90。
〔註18〕〔清〕李慈銘指出：「《四庫總目》，雖紀文達、陸耳山總其成，然經部屬之戴
　　　　東原，史部屬之邵南江，子部屬之周書昌，皆各集所長。」《孟學齋日記》（楊
　　　　州市：廣陵書社，2004年），丙集上，頁3585。
〔註19〕曹學佺（1574～1647），字能始，號石倉，福建侯官（今福州）人。萬曆二十
　　　　三年（1595）進士，官至禮部尚書。清順治三年（1646年）九月十七日，清
　　　　兵進入福州城。十八日，自縊于西峰里家中，享年73歲。有《金陵集》等專
　　　　集三十二種。曹學佺由一介書生入仕，耿直不阿、勤政爲民。後因得罪逆閹，
　　　　棄官賦閒，身着布衣，心繫國民。一生痴心藏書，肆力于學，著述幾倍于身。

《儒藏說》，〔註20〕並身體力行，約桂馥〔註21〕買田，各出所藏，築借書園，聚古今書籍十萬卷，供人閱覽傳鈔，以廣流傳。惜永年歿後，漸就散佚，則未定經久之法也。

　　文藻與永年最友善，周永年〈貸園叢書初集序〉一文，記述二人交情最為詳盡：

　　　　貸園叢書初集共十二種，其板皆取諸青州李南澗家，其不曰大
　　　雲山房叢書者，何也？曰：尚思續刻以益之。凡藏弃書板者又多所
　　　借以廣之，不必限以一家故也。余交南澗三十年，凡相聚及簡尺往
　　　來，無不言傳抄書籍之事，及其官恩平、潮陽甫得刻茲十餘種，其
　　　原本則多得之於余，今君之歿已十一年。去年冬始由濟南至青州慰
　　　其諸孤，因携板以來。憶君有言曰：「藏書不借，與藏書之意背矣；
　　　刻書不印，其與不刻奚異。」嘗太息以為名言，使果由此多為流布，
　　　君之志庶幾可以少慰乎。〔註22〕

二人相交三十年，凡相聚及簡尺往來，無不言傳抄之事。文藻嘗謂書昌曰：「藏書不借，與藏書之意背矣；刻書不印，與不刻奚異。」永年嘆為名言，

為學以博洽聞，涉及文學、經學、文獻學、史地、文字、天文、宗教等等。
曹學佺曾以「釋道有藏，吾儒獨無藏」為憾，「林居十餘年中，專意欲修儒藏
一書。擷四庫之菁華，與二氏而鼎立。」後惜國變而未竟。曹學佺當是中國
歷史上倡修「儒藏」之第一人。事蹟見：《明史·列傳》卷176。

〔註20〕周永年之《儒藏說》內容，茲錄於下：「書籍者，所以載道紀事，益人神智也。
　　　自漢以來，購書藏書，其說綦詳，官私之藏，著錄亦不為不多。然未有久而
　　　不散者。則以藏之一地，不能藏之天下；藏之一時，不能藏之萬世也。明侯
　　　官曹學佺，欲仿二氏為儒藏，庶免二者之患矣。蓋天下之物，未有私之而可
　　　以常據，公之而不能久存者。然曹氏創此說，采擷未就。今不揣譾陋，原與
　　　海內同人，共肩斯任。務俾古人著述之可傳者，自今日永無散失，以與天下
　　　萬世共讀之。凡有心目者，其必有感於斯言。邱瓊山欲分三處以藏書，陸桴
　　　亭欲藏書於鄒魯，而以孔子之子孫領其事，又必多置副本，藏於他處。其意
　　　皆欲為儒藏而未盡其說。惟分藏於天下學宮、書院、名山古剎，又沒有經久
　　　之法，即偶有殘缺，而彼此可以互備，斯為上策。」錄於王紹曾、沙嘉孫著：
　　　《山東藏書家史略》（山東：山東大學出版社，1992年12月），頁177。
〔註21〕桂馥（1736～1805），字未谷，一字東卉，山東曲阜人。乾隆五十五年進士，
　　　官雲南永平縣知縣，居官善政，嘉慶十五年卒於任，年七十。桂馥博涉群書，
　　　尤潛心小學，精通聲義，與段玉裁同時，時者以桂、段並稱。著有《說文義
　　　證》、《繆篆分韻》、《晚學集》等。
〔註22〕〔清〕周永年撰：《林汲山房遺文》（上海市：上海古籍出版社，1998年，《續
　　　修四庫全書·集部·別集類》，據北京圖書館藏清抄本影印，1449冊），頁685。

其作《儒藏說》，建借書園，欲使一家之藏廣之於天下，永年之理想實踐具備近現代圖書館的兩大功能「保存文獻」和「傳播文明」，對近代公共圖書館的出現，作了輿論準備工作，〔註23〕而李文藻實不無有其影響。李文藻及官恩平、潮陽，以得自永年者，為之刊刻，自惠棟、戴震、錢大昕諸家，鄉賢張養浩《三事忠告》、張爾岐《蒿庵閒話》，趙執信《談信錄》凡十有二種。文藻死後十一年，永年至青州，弔慰其諸遺孤，并盡攜其書板而歸，輯為《貸園叢書初集》46卷。貸園，永年書齋名也。永年有意續刻以增廣之，只要有藏書版者，則將借以廣為刊行之，不必限以一家，所以不稱為大雲山房叢書，而以貸園名之。如能由此廣為流傳書籍，即是確切實行文藻所言「藏書不借，與藏書之意背矣。」此亦可撫慰文藻之志。文藻極力表彰前賢，保存鄉獻，澆灌後學之用心，同時顯見二位深厚情誼即建立於讀書、愛書、藏書、刻書之共同嗜好上。

李文藻於《詩集》中，數度寫詩相贈以表達相知之情，如〈舟次寄周書昌〉：

濟南東郭別，揮涕勿踰年。雲樹回頭杳，溪山寓目偏。貧知行
路苦，嬾失著書緣。懷友兼多病，春來雪滿顛。〔註24〕

分別忽時，自嘆著書心志消沈，病中思友，歲月驟逝。文藻對好友書昌得以召入館閣編修四庫書，是既感欣羨，又有些嫉妒。《清詩紀事》引王景祺《牧坡詩話》：「濟南周書倉永年以歸班進士被召賜翰林，校四庫書。苣晼寄詩云云，羨之甚，妬之甚。」〔註25〕文藻有詩一首聊表內心，〈周書昌被詔分校四庫全書特綬館職〉：

數行御札下彤墀，檢點巾箱北上時。幾輩同登麟趾殿，明年許
到鳳凰池。出山道為詩書重，拜爵名教婦孺知。我亦歸班前進士，
甘迷簿領向南陲。〔註26〕

文藻病危之時，追敘往昔，感慨人事變遷，故舊凋零，又作一首〈寄周書昌〉：

孰通經義孰文章，歷下追隨似雁行。連歲摧殘梁鄧李，巋然君

〔註23〕程千帆、徐有富著：《校讎廣義典藏編》（濟南市：齊魯書社，2005年3月第4刷），頁119。
〔註24〕同註51，頁3。
〔註25〕錢仲聯主編：《清詩紀事（乾隆朝卷）》（南京市：鳳凰出版社，2004），頁1486。
〔註26〕同註51，頁18。

是魯靈光。〔註27〕

本身亦有病痛，感不久於人世，碩果僅存者好友書昌一人而已，慨嘆極深。

三、羅有高（1731～1779）

羅有高，字臺山，江西瑞金人。乾隆三十年（1765）舉人，而後趕赴三十五年（1770）、三十七年（1772）及四十三年（1778）三次會試，均遭落第，乾隆四十四年（1779）正月逝世，年四十六。事蹟見：《清史列傳》卷72、《碑集傳》卷141。

羅有高先後師事鄧元昌、雷鈜、彭啓豐等人，乾隆二十七年（1762）以優行貢京師，歸返家門，忽登樓縱火自焚，家人警救不死，狂走入山，遁入空門。後有高其學出入性命之學，兼及竺乘。又嘗於京師見戴震，爲學訓詁之學。乾隆四十四年（1779年）正月十六日，卒於家，卒之日，盡焚其書，後由彭紹升輯其遺文，爲《尊賢居士集》8卷。

李、羅二人交短知深，乾隆三十六年（1771），羅臺山游廣東，即訪李文藻，居數月〔註28〕與游嶺南〔註29〕，據王昶所撰〈羅君臺山墓誌〉云：

> 尋游廣東，爲恩平縣知縣李君文藻客，李君耽經誼，臺山與之
>
> 上下議論，又云註疏六書之學，益以博而精。〔註30〕

王昶又於《湖南詩傳・蒲褐山房詩話》云：

> 臺山少習技勇，治兵家言。……與長洲彭進士紹升、吳縣汪文
>
> 學繒、益都李明府文藻交善。方外則揚州高旻寺僧照月也。〔註31〕

相知同游，談論經義，豈不快哉。翁方綱督廣東學政時，陸耳山典粵試，時馮敏昌參加鄉試，翁、陸兩人於榜發時交相稱讚馮敏昌，而李文藻、羅臺山亦同案稱賞其詩才。〔註32〕後有高赴京參加會試，會試畢即病倒，返家後十

〔註27〕同註51，頁63。

〔註28〕〈送馮魚山說文記〉：「歲辛卯，羅臺山訪予於恩平，居數月。」同註17，卷上，頁78。

〔註29〕〈遊南海廟記〉：「辛卯十月，同羅臺山自新安遊此，留連竟日。」同註17，卷上，頁72。

〔註30〕〔清〕羅有高撰：《尊賢居士集》（上海市：上海古籍出版社，2002年，《續修四庫全書》據上海圖書館藏清光緒刻本影印），第1453冊，卷8，頁416。

〔註31〕同註36，頁1539。

〔註32〕〈馮魚山詩集序〉：「乾隆乙酉，予初識魚山於未冠之年，及其舉於鄉，陸耳山典粵試，榜發，予與耳山交口稱爲天才，羅臺山、李南澗同几激賞其詩筆。」

日即與世長辭，文藻於嶺南亦受病苦，聞有高病卒，不免傷悼云：「聞羅臺山在京大病，如其不死，可用厚聘延至吾家訓子弟，亦可收拾諸稿。」〔註33〕友朋身相乖離心相繫，聞大耗，心傷悲，倘有奢望，或可爲子弟之北斗，爲己之稿作可得收輯，不爲知己莫逆，豈有如此之信實哉！

四、翁方綱（1733～1818）

翁方綱，字正三，一字忠敘，號覃溪（一作谿），晚號蘇齋。直隸大興（今北京）人。乾隆十七年（1752）進士，官至內閣大學士。曾主持江西、湖北、江南、順天鄉試，又曾督廣東、江西、山東學政，官至內閣學士。嘉慶二十三（1818）年卒，年八十六。翁方綱屢司文柄，英才碩彥，識拔無遺。生平精于考據、金石、書法之學，亦爲清代肌理說詩論倡始人。著有《經義考補正》12卷、《禮經目次》1卷、《春秋分年系傳表》1卷、《十三經注疏姓氏》1卷、《通志堂經解目錄》1卷、《兩漢金石記》20卷、《粵東金石略》12卷、《蘇米齋蘭亭考》8卷、《小石帆亭著錄》6卷、《米海岳元遺山年譜》2卷、《蘇詩補注》8卷、《石洲詩話》8卷，其詩多至六千餘篇，自諸經注疏以及史傳之考訂，金石文字之爬梳，皆貫徹洋溢於其中。蓋以學爲詩者，有《復初齋詩集》70卷、《文集》35卷。事蹟見：《清史列傳》卷68、《清儒學案小傳（二）》卷9。

李文藻與翁方綱的交游資料多在共同嗜好金石刻上，然可見之文獻資料無多，今僅見文藻《嶺南詩集·桂林集》卷第2，提到與方綱等之文酒會，〈翁覃溪學士、程魚門吏部邀同丁小山、陳立三、周林汲、孔葓谷、梁志南小集即席限南字〉云：

> 風濤萬里趁朝參，僦第招邀快一談。檻月圓如人面好，檐花紅
> 落酒杯酣。諸公論古追王質，晚學研經仰鄭覃。幕府誰憐廢文史，
> 白頭仍向瘴雲南。〔註34〕

除在詩集中表露，在其師如錢大昕金石著作中亦可見其文藻因金石而與方綱無私互通之情誼，《潛研堂金石文跋尾·敕祠南海廟記》云：

> 碑在南海廟大門外，翁氏記粵東金石遺之。潮陽令李南澗訪

同註25，卷4，頁180。
〔註33〕同註32，頁2。
〔註34〕同註51，頁46。

得，喜甚，搨兩本寄京師，一以遺子，一以遺翁學士云。〔註35〕

有所得，皆不吝分享。文藻在〈寄鄧謙持〉兩首之二，亦提到：

> 癖嗜惟金石，南荒昔未經。摩挲來萬里，往往見儀型。初地尋
> 雙塔，高巖問七星。昨逢翁學士，贈我古鐘銘。〔註36〕

方綱督學廣東時，與處官嶺南之文藻應有所互動，惜只見於此。今能了解文
藻之生平，其一即來自於翁方綱所撰之〈李南澗墓表〉：

> 嗚呼！此桂林同知南磵李君之墓，北方之樸學，嶺南之循吏
> 也。君諱文藻，字素伯，號南磵，山東益都人。乾隆己卯舉於鄉，
> 庚辰中禮部式，辛巳成進士，知廣東恩平、新安、潮陽縣事。庚寅
> 辛卯二科分校廣東省試，同知廣西桂林府事，卒於官。君爲吏廉幹，
> 所至有聲。宦十餘年無一錢，攜一拓碑老僕，搜巖穴，剔榛棘，載
> 書數千卷自隨，嘗曰：「官居之貧，山水之奇，金石文字之富，天下
> 未有也。」君爲學無所不賅，齊魯間藏書家自李少卿中麓、王司寇
> 池北書庫著錄皆罕傳，慨然哀輯爲己任，曰《所藏書目》、曰《所見
> 書目》、曰《所聞書目》，皆詳其序例卷次，志其刊抄歲月；其於金
> 石，則專以所見爲主。蓋君意欲依曝書亭著錄八門之目，以編經籍；
> 又欲依朱氏經義攷存、闕、佚、未見之例，以編金石。其在廣西寄
> 予拓本數十百種，疾革時，遺言寄予編次者又百種，予雖寡陋必爲
> 攷核論次以成君之志，書目則周編修永年志之。君年四十有九，有
> 三子：章鄄、章棉、章姚。君卒於乾隆四十三年八月四日，其後四
> 年，予始克表其墓，以告後之者讀大雲山房遺書者。〔註37〕

「其在廣西寄予拓本數十百種，疾革時，遺言寄予編次者又百種」，非深厚交
情，怎有此遺終交付！其爲學、爲官之總結，非僅是溢美之辭，實乃眞切如
實之評價；文藻臨終有所囑託，殆是極度信任方綱所致；文藻死後四年，方
綱始成其墓表，亦必是對好友深切、眞摯懷念所感。

五、張錦芳（1734~1796）

張錦芳，字粲夫，一字藥房，號花田。廣東順德人。乾隆四十五年（1780

〔註35〕同註20，卷13，頁294。
〔註36〕同註51，頁5。
〔註37〕同註25，卷14，頁574~576。

年）鄉試第一，乾隆五十四年（1789）登進士，改庶常，授編修。性孝友，聞伯兄訃，尋乞歸。嘉慶元年（1796）卒，年四十七。錦芳淹貫群籍，通說文，能篆籀分隸。以餘事爲山水花卉，尤工詩。早年以優入都，已爲嘉定錢大昕、紀昀賞識。自後所造益邃。與欽州馮敏昌、同邑胡亦常稱爲「嶺南三子」，〔註38〕又與同邑黃丹書、黎簡及番禺呂堅稱嶺南四家，〔註39〕皆以錦芳爲首。著有《南雪軒文鈔》2 卷、《逃虛閣詩鈔》6 卷、《南雪軒詩餘》1 卷。事蹟具見：《清史列傳》卷 27。

　　文藻詩集中，與張錦芳詩爲數甚夥，殆是師友間之最者。其於嶺南常相邀出遊，如南海廟、六榕寺、光孝寺等地，見〈端午招孫稼軒張藥房馮耒堂小集大佛寺遂遊六榕光孝二寺〉四首云：

> 荔枝熟日是端陽，飽啖今年又幾場。
> 眼見僬人絳襦脫，角弓不要粉團嘗。
>
> 六榕何年付劫灰，殘碑金薤積秋苔。
> 共圖放眼登高塔，不爲東坡也要來。
>
> 去年曾與大馮君，手拓訶林漢鐵文。
> 今日來遊亦端午，菩提樹下到斜曛。
>
> 作客年年到五羊，偶于古刹泛蒲觴。
> 天南故事吾曹始，不弔靈均引仲翔。〔註40〕

詩中記述中出遊情景，飽食當地名產荔枝、尋金石、拓碑文，悼念古人，文人風雅，盡在其中。而錦芳善繪事，曾爲文藻繪像，並題詩一首〈題李南澗啖荔圖〉：

> 髯公家無千木奴，棘下纍纍楂梨粗。故園萬里入夢數，南果五月登盤初。側生色味青齊無，天漿澆胸潤如酥。玄蟬一聲欲買夏，白雨漢林供倒壺。山枝姑射仙入膚，水枝驪龍頷下珠。海潮聲卷火雲落，風露氣入冰筵鋪。我公于物得芳腴，風味絕似眉山蘇。摘來

〔註38〕李文藻易簀時，曾口述：「予於辛卯分校鄉試，得順德胡亦常。是歲又識其縣張藥房玉洲兄弟，遂益以庚辰所識欽洲馮魚山，定爲嶺南三子。」同註 32，頁 4。

〔註39〕二樵與張藥房、黃虛舟、呂石帆，世稱嶺南四子。其始品題於蜀中（按：應爲山東益都）李南澗，數十年來咸無異議。〔清〕溫汝能：《粵東詩海·例言》（廣州：中山大學，1999 年 8 月），頁 23。

〔註40〕同註 51，頁 27。

椰葉梃榔底，酸鹹屏棄諸楊盧。三年相逢薦菖莆，江影動搖千萬株。眼前敗意俗物少，止有尊酒無文書。一官解博飽啖娛，知公歸途詫里閭。明年荔熟公來乎，遲公灣頭重繪圖。〔註41〕

詩境如畫，嶺南風候、景致如在眼前，荔枝美味令嘴饞，愜意如此。

六、邵晉涵（1743～1796）

邵晉涵，字與桐，一字二雲，號南江，浙江餘姚人。乾隆三十六年（1771）進士，會開四庫館，詔徵入館纂修，改翰林院庶吉士，授編修，累官至侍讀學士。晉涵清贏善讀書，四部七錄，靡不研究，尤長於史，著《南都事略》，未竟而卒。於經部精《三傳》及《爾雅》，著《爾雅正義》20卷，及《孟子述義》、《穀梁正義》、《韓詩內傳考》、《皇朝大臣事跡錄》、《方輿金石編目》、《輶軒日記》、《南江詩文稿》等。事蹟見：《清史稿校註》卷488、《清儒學案小傳（二）》卷10。

李、邵二人交游，主要是曾共同校謬補闕書籍，乾隆三十四年（1769），李文藻以謁選客京師，鈔校紀昀所藏惠棟《古文尚書考》，晉涵亦參校其書。又文藻借鈔吳縝《新唐書糾繆》二十卷畢，會得缺出都，乃屬晉涵為手校一過。〔註42〕僅是如此，即已奠立深厚友誼，文藻於《嶺南詩集》亦有一首〈夢見邵二雲〉，表達相思之情：

故人遙入夢，索我近詩看。相對無一語，覺來更已闌。蒲車迎史筆，祕閣有騷壇。近聞江上戶，著書懸不刊。〔註43〕

日思夜夢，既稱其入四庫館編修史部，又惋惜己之寫作擱置而未刊刻流布。

七、胡亦常（1743～1773）

胡亦常，字同讓，一字豸甫，廣東順德人。年二十五即以詩名。乾隆三十六年（1771）舉人，與馮敏昌、張錦芳合稱「嶺南三子」。入都後，與錢大昕交，欲志於經術，而錢大昕謂「其為詩妙悟天成，能於南園諸子外，自成一家」。既下第，南歸，與戴震同舟，手錄其所著書，擬刊之。以多啖瓜解渴，

〔註41〕同註81，卷91，頁1703～1704。
〔註42〕黃雲眉編：《邵二雲（晉涵）先生年譜》（臺北市：文海出版社，1969年，《近代中國史料叢刊》，38輯），頁67～68。
〔註43〕同註51，頁49。

得胃寒疾，抵家病卒。著有《賜書樓詩集》。事蹟見：《清史列傳》卷 72、《粵東詩海》卷 85。

　　文藻於辛卯分校鄉試得亦常，但可考之交游資料無多，檢文藻詩文集，有詩〈哭胡生亦常〉二首：

　　　　　　聞道胡生死，東南歎喪朋。何人寄衣鉢，眾匠失鉤繩。才氣山

　　川謁，詩名造物憎。玉樓雖萬丈，也到最高層。（之一）

　　　　　　二曉文章伯，羣才赴大鈞。天南遺書札，傾倒在斯人。共道崑

　　生璧，誰知海變崖。高年敬姜在，晝夜哭江濱。（之二）〔註44〕

文藻慨嘆人事無常，痛失友朋，並推崇其詩，才高天妒，無人可繼。同為詩人，疼惜憐愛之情，溢於言表。

八、馮敏昌（1747～1806）

　　馮敏昌，字伯求，號魚山，廣東欽州人。乾隆四十三年（1778）進士，授翰林院編修，後調補刑部河南司主事。因父喪，服闋，遂不復出。平生好游歷，足跡遍游五岳大川，先後主講端溪、越華、粵秀等書院，學者稱魚山先生。敏昌工詩，由昌黎、山谷，上追李杜，其詩意境開闊，氣勢豪邁，概是多得自江山之助，眼界始大。與張錦芳、胡亦常齊名，稱「嶺南三子」；古文受之朱筠、錢大昕；又嗜金石，與孫星衍、刑澍嘗就訂正《寰宇訪碑錄》。嘉慶十一年（1806 年）卒，年六十歲。所著有《小羅浮草堂鈔》、《文鈔》、《師友淵源集》、《河陽金石錄》、《華山小志》及《孟縣志》。事蹟見：《清史列傳》卷 72、《碑集傳》卷 60、《復初齋文集》卷四、卷十四、《粵東詩海》卷 87、翁方綱〈皇清誥授奉政大夫刑部主事魚山馮君墓表〉（《復初齋文集》卷 14）。

　　關於文藻與敏昌的交往，僅見李文藻〈送馮魚山說文記〉：

　　　　　　今年春夏間，予寓廣，日與馮魚山相過從。魚山講小學，每以

　　不得此書為恨。回潮，乃舉此贈之。〔註45〕

「予寓廣，日與馮魚山相過從。」文藻與敏昌於嶺南來往應是頻繁，然未見有詩作酬唱，或筆者所見其交遊資料有限，期未來可有更多發現以補其闕漏。

〔註44〕同註 51，頁 17～18。
〔註45〕同註 17，卷上，頁 78。

九、黎簡（1747～1799）

　　黎簡，初名桂錦，字簡民，一字未裁，號二樵，廣東順德人。簡幼而悟，十歲能詩屬文，並工篆刻摹印及繪事。稍長，博綜群籍，常操紙筆獨游蠻洞間，遇勝處輒留題。三十二歲中秀才，四十三歲選拔貢，將赴廷試，值喪，服闋，自此淡於仕進，足不逾嶺，以授徒、鬻字畫爲生。簡性好山水，屢游羅浮、西樵、七星巖、鼎湖諸名山勝迹。同邑張錦芳、黃丹書，番禺呂堅，欽州馮敏昌，皆慕其名與爲詩文之交。簡自律謹嚴，不輕作應酬。浙人袁枚時負盛名，探羅浮至粵，欲與之見，簡答書卻之。黎簡詩名、藝名遠播中原，海內名士想望風采，咸以不獲一見爲恨。文人、學者如翁方綱、王昶、李調元、周永年輩，皆推重之。晚年益貧，醫藥不繼，嘉慶四年（1799）卒，年五十二。著有《五百四十二峯草堂詩文鈔》25 卷、《藥煙閣詞鈔》1 卷、《芙蓉亭樂府》2 冊、《韻學》等。事蹟見：《清史列傳》卷 72、《粵東詩海》卷 92。

　　因詩結交，是雅士風流，不拘自限，更顯文藻之廣交游。乾隆四十年（1775）李文藻由恩平調職潮陽，路經廣州之時，結識黎簡，文藻見其詩，即言曰：「必傳之作也。」〔註46〕且將黎簡與當時聲望頗隆之張錦芳、黃書丹、呂堅三人相提並論，譽之爲「嶺南四家」，成爲粵東詩壇的新貴。兩人從此往來唱和，彼此交善。〔註47〕文藻有詩一首，盛讚黎簡之仙風道骨，淡泊人世，優游山林，期能造訪共遊。〈贈黎簡〉詩云：

　　　　西郭有高士，讀書常閉關。昨携笻竹去，獨上羅浮山。我愛坡

　　谷作，因懷冰雪顏。何當訪丹灶，共踏苔斑斑。〔註48〕

黎簡對於李文藻知遇、推舉，在文藻卒後，仍寫下不少情眞意切緬懷詩篇，如〈寄周蕭齋〉、〈南海神廟懷亡友李南澗〉、〈檢李南澗手札〉等。楊鍾羲《雪橋詩話三集》：

〔註46〕張維屏《國朝詩人徵略》引《嶺南四家詩鈔》：「時張藥房以詩名里中，得二樵爲勁敵。李南澗令潮陽，見其詩，曰：『必傳之作也。』造廬訪之，於是二樵之名，傾動一時。」〔清〕張維屏輯編撰：《國朝詩人徵略》（廣州市：中山大學出版社，2004 年 12 月），卷 46，頁 671。

〔註47〕李調元《雨村詩話》：「順德黎二樵簡工詩畫，余試古學始拔入黌宮爲諸生。二樵與益都李齎南澗文藻善，南澗官粵東令時，與二樵往來唱和。」錢仲聯主編：《清詩紀事（乾隆卷）》（南京市：鳳凰出版社，2004 年），頁 1767。

〔註48〕同註 51，頁 33。

　　李南澗官桂林司馬，至柳州會審，嘗以救荒策陳於上官，不得
行其志，疽發於背而卒。病中書與張藥房、呂石帆、黎二樵，各求
輓詩，繼又與二樵書，僅辨三字，餘燥滲斷續，不復識矣。二樵詩
云云。〔註49〕

又張維屏《國朝詩人徵略》引《聽松廬詩話》云：

　　張、黃、黎、呂之稱，由於李南澗司馬。南澗將死，邸書至粵
東云：「願乞張、黃、黎、呂各製輓詩一篇。」於此可見司馬與諸君
交誼之篤。〔註50〕

故錄黎簡爲此悼念好友作詩記之，茲錄於後，或可從詩中窺探其情眞哀憫：

　　秋九月，桂林少尹李南澗（文藻）病府腐脅，書來與藥房、石
帆、虛舟及余，各求一輓詩。又云，他日語其死狀以救荒策陳於上
官，不得行其志，郁郁以至此也。繼又至一書，僅辨三字：「餘、燥、
滲」，斷續不復識矣，聊作此詩而已。（詩題）

　　夢寐三年交，西北萬里別。一官身將老，五斗腰懶折。經年無
只字，有字即永訣。丙申餞窮冬，凍淚結面霜。離舟各烟水，殊方
協裘蒭。兩枉大雅作，遠寄忍寒褐。之官思東游，空囊淨如抹。豎
河奔蒼梧，況是生死穴。苦云今年飢，飢殍四觀列。病軀沖死氣，
檢葬日不歇。千錢致斗米，官亦啖面麭。上書策救荒，所學期一泄。
方圓有齟齬，肝腸坐幽郁。淫毒積愷懷，疽背見肺窟。伏枕荒山中，
待命幸痂結。右脅復生楊，臂肉潰至骨。民瘝病未蘇，吾瘻痛可割。
呼兒俯就爺，背上作書札。首書竟死矣，三字讀千咽。次下不可識，
語斷墨滲缺。先來一封書，書中願有乞。張黃與黎呂，各求挽歌一。
續有最要事，托傳（原注：去聲）陳氏節。自言未傳此，千古眼不
閉。傷哉儒生心，炯若日月揭。往聞周候窖，獨哭坐天末。尋兄弟
樂，日自生石碣。貫生厚天性，哀樂致殊絕。叔逝伯柴立，季怒伯
止餒。悼亡兩佳人，瓊樹餘短茁。（原注：李侯弟靜叔，有文行而早
逝。又兩喪家室，一兒一女俱幼稚。）皇天豈無意，賢俊古顚蹶。
神聖實忸怩，后土復何說。人情固嘆喟，公衷洞慈達。轉爲掀髥吟，
爽翠眉上發。拂亂溢方寸，困橫忍毫髮。生名青雲器，死爲丹丘血。

〔註49〕同註67，頁1764。
〔註50〕同註36，頁1759。

吾輩遺一言，彼土阻累月。不冀氣數外，但望旦夕活。庶幾黃泉底，
交心得粗徹。轉惟我侯者，及時彥邦傑。經書為文章，忠義之所出。
司命倘可告，茲厄或爾脫。實恐命至此，飲羽堅不拔。枯魚不望水，
惟有久涸轍。昔年居廣州，往往生瘴疾。醫和照五內，體胖致痰厥。
忽然得清晏，走報誤倉猝。用是私或寬，而茲邈難決。山河亙紆遙，
斯人亦縝密。北風吹寒景，獨立真宰闊。題詩留後時，委心任存歿。
存為再來時，歿為哀辭述。〔註51〕

寫文藻愛民如子，但不受上司支持，頗感官場無奈，然仍卻未忘繼續為民，
寫積勞身虛又為嶺南瘴氣所侵，寫天地果真無情，生生就帶走這麼一位賢俊
之人，字字入情，句句有感，一字一句追思這位亦師亦友，令之尊敬平生第
一知己。

十、張錦麟（1749～1778）

張錦麟，字瑞夫，一字玉洲，廣東順德人，錦芳弟。幼絕慧，有雋才。
十歲通經能詩，以「碧天如水雁初飛」句得名，與兄錦芳並為翁方綱所賞，
有「雙丁兩到」之目。又與胡亦常齊名。乾隆三十三年（1768）中舉人。會
試落第後，兼務考據之學，詩境日進，錦麟之詩，標新立異，不拾人間唾餘，
而無不合於古，尤以七絕為佳。乾隆四十三年（1778 年）卒，年二十九歲。
著有《少游草》。事蹟見：《清史列傳》卷 72、《粵東詩海》卷 84、李文藻〈舉
人張君墓誌銘〉（〈南澗文集〉卷下）。

《粵東詩海》引李南澗云：

予壬辰冬作嶺南三子詩，謂馮魚山、胡豸甫、張藥房也。是年
并交於玉洲，見所作詩與藥房絕不類。癸巳春，豸甫死。玉洲先成
挽歌數章，悲咽殊甚，益嘆其交情之篤，不獨詩境清峭絕俗也。後
聞其病中頻問詩稿所在，蓋少年氣盛，不能忘情身後名如此。〔註52〕

文藻惺惺相惜，天縱英才，遠近惋惜之，為此文藻親撰墓誌銘，可見其生平
梗概，與詩藝之佳，銘曰：「詩之傳，君之年，君之孫子既壽而有後，君自為
其不朽。」不朽兩字，是文藻對好友深情追念之註解。

〔註51〕 〔清〕黎簡撰：《五百四峰堂詩鈔》（廣州：中山大學出版社，2000 年 4 月），
　　　　頁 37～38。
〔註52〕 同註81，頁 1579。

十一、鄧汝勤（？～1776）

鄧汝勤，字謙持，嘗更名汝功，山東聊城人。生年不詳。汝勤長身白皙，聲亮如洪鐘，讀書可一目數行齊下，四部之書無所不究，又善真隸，畫山水，獨不喜閱時文。與歷城周永年、德州梁鴻翥交游，日讀《易》、《儀禮》。乾隆三十五年（1770 年）舉於鄉，乾隆四十年（1775 年）進士。乾隆四十一年（1776 年）六月某日病卒。事蹟僅見李文藻〈鄧謙持小傳〉（《南澗先生易簣記一卷》）、李文藻〈鄧謙持稿序〉《南澗遺文二卷附錄一卷補編一卷》、李文藻〈午厓初稿序〉（〔清〕鄧汝功撰，《密娛齋詩稿》）。

乾隆二十四年（1759）八月，文藻與謙持以論詩訂交於歷下之亭，志氣相投，言談甚歡，然相處時日甚短，分別之後，即有再過聊城皆未得見。文藻之與謙持相善，殆有系出同門之親，因謙持乾隆三十五年（1770）以第二人舉於鄉，與文藻中舉時名次同，又同出濮州牧潘樸邨門下，頗以為喜。惜體弱大病，早逝。文藻自述與謙持相交蓋廿年，詩文必相質，及官廣東歲必書信往返數十通，拳拳如覿面。李文藻曰：

> 並世能文章者謙持未嘗不相好，瀕死乃屬余為之傳。余南來萬里，舟車中涉想輒作惡，遲之，又年餘患癃，于桂林官署且將死，念此事未了，逐所患寒熱日往來于胸不可釋。是時余已不能書，乃口授蔣甥器書之。幸天假數日不死，或潤色以報故人。〔註53〕

謙持瀕死囑託文藻為之傳，而文藻也飽受病痛之苦，卻於心中念念不忘此事，即使已無法持筆為書，仍以口授其甥蔣器為之記，朋友之情彌堅逾金石。此外，謙持善書法，曾向文藻求嶺南端硯，所謂佳硯贈好友，原是美事一椿，不料人事無常，不禁令人欷歔，為此，文藻作一詩以誌之：

> 鄧謙持索端硯久矣，偶得一佳者，萬里持歸。謙持已死，將琢銘以殉其葬，而葬未有期，硯仍在。予行篋僕輩，誤取供予用，根觸竟日乃作是詩，俟硯日竝焚之（詩題）
>
> 故人工書癖嗜硯，有如美女于寶釵。一片紅絲昔持贈，瓊琚報我新詩牌。嶺南歲按十餘札，敦促代石端江涯。老巖水沒苦難致，青花蕉葉沈烟霾。分校棘闈遇奇士，相馬偶識流金□。感激私恩出舊物，紫雲冉冉墮縣齋。判筆如鎚不敢試，將同角枕投洪厓。壓取歸舟行萬里，騎驢重踏東昌街。到間驚見黏白紙，無人肅客登東階。

〔註53〕同註32，頁6。

襯上網蟲九閱月，精神安往留形骸。伯道爲善絕美報，不見新草生枯荄。況復侍郎有明德，天道人事無乃乖。眞氣磅礴滿巾笥，遺草猶堪埽淫哇。哭君于君得達觀，生前富貴皆優俳。地下結習儻未免，合將此石供磨揩。聞君瀕死焚古墨，不及并此加束柴。我今爲銘琢其背，與君同向青山埋。一語寄君君自排，再生莫要文章佳。要無疾病糸事諧，花似吳姬酒如淮。溪山處處通芒鞋，不嘔心肝多靜懷。大年應與彭聃儕，硯好亦是千金豺。〔註54〕

是對好友的緬懷，亦是對好友的承諾，生不能相送，死盼能相隨，於硯底記銘文記曰：「硯得于嶺南將以貽謙持，及歸而謙持死，乃爲之銘，以殉謙持之葬銘曰：『謙持未及見此硯，乃予見硯如見謙持之面。』」〔註55〕文藻心稱許謙持，亦爲謙持所敬重，今謙持長眠于九泉，俾硯從之，爲謙持用之。知友所好，足友所望，莫過於此。

第三節　志同道合師友情

筆者整理出李文藻師、友13人，皆爲當世著名或於名列史書列傳中，茲將李文藻之師、友專擅列表如下，表二：

關係	人名	經學	史學	小學	目錄	校勘	金石	藏書	詩	書法	繪畫	篆刻
師	紀昀				✓	✓		✓				
	錢大昕		✓	✓	✓	✓	✓					
友	戴震	✓		✓								
	周永年				✓	✓		✓				
	羅有高			✓								
	翁方綱	✓	✓		✓	✓	✓		✓	✓		
	張錦芳								✓		✓	
	邵晉涵			✓	✓				✓			
	胡亦常								✓			
	馮敏昌						✓		✓			
	黎簡								✓		✓	✓
	張錦麟								✓			
	鄧汝勤								✓	✓	✓	

〔註54〕同註51，頁49～50。
〔註55〕同註32，頁6。

　　李文藻為學無所不貶，學問博廣，抄書、藏書、小學校勘、金石、詩文皆有所獵，亦有所成，所謂志同道合、志趣相投，從其交流及師友專擅可見一般。其師紀曉嵐與錢大昕在當時皆為文學翹楚，歷史地位已不庸贅言，李文藻深受兩位師尊之賞識，而文藻厚篤師門，常有往來，即使遠官嶺南，亦不時書信問候，惜筆者蒐整資料過程，未見書信的留存，可讓筆者再進一步印證李文藻在學術與其師間的深厚關係，今僅從史書列傳記載，或李文藻於其詩文集中顯露對師恩感念之情。

　　其友朋中不乏選入館閣之中編纂《四庫全書》，從李文藻詩文中不時透露出羨妒之情，然李文藻是知命豁達之人，廣交遊，於共同喜好上，彼此無私交會，雖不如部分友人於歷史上知名，但李文藻在學術上之成就並於其友人，在筆者研究期間，亦發覺兩岸學者漸留意李文藻其人，是以筆者率而做一統整性研究，期引起更多人發掘研究。

　　所謂志同道合，性相習近，李文藻於詩文頗有可觀之處，在嶺南時期所結交者，有不少長於詩文。縱觀李文藻除了自身喜好、專注，也有來自於師友之間無私交會影響，於此更可窺探乾嘉時期學術風氣鼎盛興榮。

第四章　李文藻藏書源流與散佚

　　我國文化博大精深，自古即十分重視圖書典籍的蒐集、整理及保存，故公私藏書均源遠流長。雖有隋代牛弘論書有五厄，明朝胡應麟復爲十厄，而胡氏以降，圖書之厄又不知凡幾，在圖書毀損如此嚴重之情況下，在公、私家藏書的蒐羅、保存下，文獻得以保存、學術文化得以傳承。

　　宋代藏書家，今尚可考者達一百餘家，〔註1〕後歷元、明兩代，較宋猶盛，藏書家不但多編有書目，蒐藏秘籍力求宏富以外，且漸珍視宋元舊刻之風。有清一代，繼承明朝之餘緒，而愈揚其波。李文藻好書、讀書、聚書近於痴迷，藏書數萬卷，潛心研讀，親爲校勘，爲清乾隆期山左藏書之大家。

　　民國間，山東省圖書館館長、著名學者王獻唐從益都李氏大雲山房中收集到大批李文藻私人藏書及遺著，爲其戮力保存古籍文獻所感動，揮筆寫下：「壓裝石墨傾南國，庋架琅書艷東城。曾是人天搖落日，伶俜吞泪拜先生。」筆者頗感前人對李文藻藏書討論之不足，所得資料有限且間接，因此除據李氏本身詩、文集等，並就志書、筆記、同時人著作、各家藏書志及期刊論文等記載，加以分析、歸納，從具體證據之呈現，合理邏輯之推論，對其藏書源流、散佚，典籍整理、利用，以及藏書內容做概括性介紹，期結論得以突顯其貢獻，闡揚其藏書之功，不因其藏書及其書目散佚而失去研究之價值。

〔註1〕 據潘美月撰《宋代藏書家考》，宋代藏書家達一百餘家，今尚可見其目錄者，
　　　　則有 33 種。

第一節　藏書來源

「所見所聞所藏弆，發凡真有著書才。安知散帙非全帙，趨廟驅車日又來。」〔註2〕此清末葉昌熾在《藏書記事詩》中，詠嘆李文藻藏書詩句也。前兩句「所見所聞所藏弆，發凡真有著書才。」意指李文藻十分重視對古籍的整理，曾把平生所藏、所見、所聞的書籍編輯成《所藏書目》、《所見書目》和《所聞書目》，仿朱彝尊《經義考》之式皆錄序跋，發凡起例，證明李文藻對藏書保存之用心；而後兩句「安知散帙非全帙，趨廟驅車日又來。」則描寫文藻在北京城訪購書籍時之狂熱與執著。李文藻是乾隆時山東知名藏書家，做為一位藏書家，李文藻生平極為專注於藏書之事。〔註3〕

李文藻談論其藏書之記載實無多，然就其傳世著作及旁人述及者來歸納李氏徵訪圖籍方法，主要有購買、借鈔、友朋饋贈等三種方式。此雖為藏書家入藏的一般方式，尚不足以道盡李文藻收集圖書的各種途徑，但應可略識其藏書梗概。

一、購　求

購買是圖書徵集方法中，最為普遍且有效的一種。從上節錢大昕對其稱許「性好聚書，每入肆，見異書，輒典衣取債致之。」文藻常至書肆中探訪典籍、蒐購遺書，甚有罕見書，質衣取債亦必得之。是以文藻藏書得自於書市者不少，文藻之對書肆熟悉殆可知之。我國早在東漢就有了書肆，〔註4〕

〔註2〕〔清〕葉昌熾著：《藏書記事詩》（臺北：世界書局，1961年3月，《中國學術名著》）第一集，第六冊，卷五，頁285。

〔註3〕例如，錢大昕於〈李南澗墓誌銘〉中言其「長身多髯，趄趄如千夫長，而胸有萬卷書。」（〔清〕錢大昕：〈李南澗墓誌銘〉《潛研堂文集》（臺北：臺灣商務印書館，1967年，《四部叢刊初編集部》，上海商務印書館縮印嘉業本），第387冊，卷43，頁429。）又錢氏在為李氏詩集所寫之序中云：「南澗之性情與余略相似。予好聚書，而南澗抄書之多過於予，予好金石文，而南澗訪碑之勤過於予；予好友朋，而南澗定誼之篤過於予；予好著書述，而南澗詩文之富過於予。」（〔清〕錢大昕：〈李南澗墓誌銘〉《潛研堂文集》（臺北：臺灣商務印書館，1967年，《四部叢刊初編集部》，上海商務印書館縮印嘉業本），第387冊，卷26，頁243。

〔註4〕《書林清話》卷二《書肆之緣起》專門介紹書肆發展簡史，其中云：「《後漢書・王充傳》，常游洛陽市肆，閱所賣書，一見輒能誦憶，此後漢時有書肆也。」〔清〕葉德輝撰：《書林清話》（北京市：中華書局，1999年9月第四刷），頁32。

歷朝也有記載介紹各朝書肆發展之書籍，〔註5〕清代書肆以北京琉璃廠爲代表，葉德輝嘗云：「京師爲人文薈萃之區，二百餘年，廠甸書肆如林。」〔註6〕李文藻所撰《琉璃廠書肆記》中曾明言以購買方式獲得之圖書計有下列 27 種：**聲遙堂買數種適有**《廣東新語》、《恩平之兆》。**文粹堂所購抄本**《宋通鑑紀事本末》、《蘆蒲筆記》、《麈史》、《寓簡》、《乾坤清氣》、《滏水集》、《呂敬夫詩集》、《段氏二妙集》、《禮學彙編》、《建炎復辟記》、《貢南湖集》、《月屋漫稿》、《王光庵集》、《焦氏經籍志》。**文粹堂所購刻本**《長安志》、《雞肋集》、《胡雲峰集》、《黃稼翁集》、《江湖長翁集》、《唐眉山集》。**寶名堂得抄本**《元史略》、《揭文安集》、《讀史方輿紀要》、《自警編》半部、《溫公書儀》一部。由上述所購買書目中約略可分出有經、史、子、集四類之書，明代藏書家曾對購書技巧有以下之言論：「夫購買無他術，眼界欲寬，精神欲注，心思欲巧。」〔註7〕眼界欲寬，即謂所收書籍應涵蓋經、史、子、集各類，不可侷限於某一類，如此始爲博雅；而精神欲注，乃指藏書者必須執著於藏書之癖，不可爲其他嗜好所惑而持之以恆，堅持不懈，即集中一切精神與財力全神投入，方得真藏；至於心思欲巧，是強調必須細心於各種求書之線索，利用一些專業或特殊的經驗與方法來尋覓書籍。今觀文藻藏書如其學問博贍，不限一隅。

又如文藻所刻德州宋弼纂輯《山左明詩鈔》，其爲序云：

〔註5〕　如孟元老《東京夢華錄》卷三提到宋朝開封城內相國寺東門大街書鋪熱鬧的情景：「相國寺每月五次開放，萬姓交易。庭中設綵幕、露屋、義鋪，賣……時果……之類。殿後資聖門前，皆書籍、玩好、圖書之類。」（〔宋〕孟元老撰：《東京夢華錄》（北京市：商務印書館，2005 年，《文淵閣四庫全書》）史部地理類，195 冊，頁 625。明胡應麟曾記載明朝時北京、杭州、南京等地的書肆情況，《少室山房筆叢》卷四《經籍會通》云：「凡燕中書肆多在大明門之右，及禮部門之外，及拱宸門之西。每會試舉子，則書肆列於場前；每花朝後三日，則移於燈市；每朔望并下澣五日，徙於城隍廟中。燈市極東，城隍廟極西，恉日中貿易所也。燈市歲三日，城隍廟月三日，至期百貨萃焉，書其一也。　凡金陵書肆，多在三山街及太學前。凡姑蘇書肆，多在閶門內外及吳縣前，書多精整，然率其地梓也。余二方恉未嘗久寓，故不能舉其詳。他如廣陵、晉陵、延陵、檇李、吳興，皆間值一二，歙中則余未至也。」〔明〕胡應麟撰、王嵐點校：《經籍會通》（北京市：北京燕山出版社，1998 年 8 月第一版，《書目書話叢書》第一冊），頁 49。

〔註6〕　同註101，卷9，頁257。

〔註7〕　〔明〕祁承㸁著：〈藏書訓約·購書〉，《澹生堂藏書約》（北京市：北京燕山出版社，1998 年 8 月第一版，《書目書話叢書》第一冊），頁 76。

　　　　歲癸未，盧君致仕歸里（案：指盧雅雨），先生以全稿畀盧。
　　予適授徒德州，趣盧付之梓，而盧以所輯未備爲辭。戊子秋，盧君
　　得罪籍家，而先生以甘肅按察入覲，道卒洛陽。予恐此書之遂湮也，
　　走德州，從州官求買此書。〔註8〕

恐鄉賢詩作湮沒而汲汲走訪探求，其過程曲折艱辛，終能購求，將之刊刻，
倘非有心，何能如此？由此看來圖書購藏乃文藻藏書之主要來源之一。

二、抄　錄

　　鈔錄是圖書最原始、最基本複製方式。在雕版印刷術發明以前，我國圖
書靠鈔錄傳播；於雕版、活字排版印刷術發明以後，鈔錄仍然被廣泛採用。
因爲手工抄寫方式簡單易行，筆墨紙硯齊備即可操作，無需他人之協助；且
非所有圖書皆能採用雕版印刷或活字排版印刷方式以廣泛傳播之故。鈔書也
是一種學習方法，歷代藏書家將抄書當做讀書時有效增進記憶之方式，手抄
一遍記憶深刻，更能達到事半功倍效果。〔註9〕故鈔錄並不因雕版印刷發明與
普遍使用而廢止，抄寫既是求知自學、積累知識基本手段，又是書籍製作和
文獻整理基本工作，爲書籍傳播、流通重要收集方式之一。〔註10〕

　　「抄書」或作「鈔書」，這「鈔」字非是筆誤，「鈔」實爲本字，「抄」
乃俗字。〔註11〕不論「鈔」或「抄」字，今皆指把別人東西變成自己東西，
抄書便是如此。特別是明、清兩代圖書印刷事業雖已盛行，但仍有甚多書籍
得之不易，因而藏書家依舊重視抄書，並以抄書做爲充實藏書途徑，其原因
大致有三：（一）有些書籍雖已雕板印刷，但由於空間限制，交通不發達，
因此難以購求；（二）有些書雖可買到，但是質量低劣，錯誤百出，只好借
版本較佳者抄寫；（三）有些書市面上買不到，只好向擁有者借抄。〔註12〕

〔註8〕　〔清〕德州宋弼編：《山左明詩鈔》（山東：山東大學出版社，2006年，《山東
　　　　文獻集成》，據山東省圖書館藏清乾隆三十六年益都李文藻廣東刻本）第一
　　　　輯，第四十冊，頁441。

〔註9〕　參考整理任繼渝著：《中國藏書樓》（瀋陽：遼寧人民出版社，2001年1月），
　　　　頁97。

〔註10〕　參照李瑞良：《中國古代圖書流通史》（上海市：上海人民出版社，2000年5
　　　　月第1版），頁363。

〔註11〕　「鈔」字本義指以手指突入其間而取之，後乃謂竊取人文字爲「鈔」，而俗作
　　　　「抄」。請詳參〔清〕段玉裁：《說文解字注》（臺北：藝文印書館，1966年
　　　　11月），14篇上，〈鈔〉，頁25上。

〔註12〕　〔明〕顧起元：《客座贅語》（南京市：鳳凰出版社，2005年，《江蘇地方文獻

故孫慶增云：

> 書之所以貴鈔錄者，以其便於誦讀也。歷代好學之士皆用此
> 法，所以有刻本，又有鈔本、有底本。底本便於改正，鈔本定其字
> 劃，於是鈔錄之書，比之刊刻者更貴且重焉。況書籍中之秘本，爲
> 當世所罕見者，非鈔錄則不可得，又安可以忽之哉，從未有藏書之
> 家而不奉之爲至寶也。〔註13〕

鈔書是爲誦讀便利，然鈔錄之時，或有批校訂謬事，較之刻印本更爲珍貴，
而罕見秘藏之書籍，流傳更少，唯有經過鈔錄之法，不然難以重見光明。錢
穆先生在其所著《中國近三百年學術史》中談論到明末清初學者顧炎武：

> 然則清儒所重視於《日知錄》者何在？曰：亦在成書之法，而
> 不在其旨義。所謂《日知錄》成書方法者，其最顯著之面目，厥爲
> 纂輯。亭林嘗自述先祖之教，以爲：『著書不如鈔書。凡今人之學，
> 必不及古人也。』〔註14〕

顧炎武對清代樸學的影響，無庸在此贅述，然其，做學問的態度、門徑，在
上述錢穆的論述中，可以看到顧炎武深厚學問的根柢無他，鈔書而已，是以
乾嘉時期考據之學盛行，當時學者於鑽研學術的工夫多有著鈔書一項，殆可
推論乾嘉學者做學問的共同工夫爲「鈔書」，且深受顧炎武影響。

錢氏序其《南澗詩集》云：「南澗之性情，與予略相似。予好聚書，而南
澗抄書之多過于予。」〔註15〕而文藻嘗自述其十五六時，對馮裕等「海岱七
子」詩集《海岱會集》一書，極爲景仰，夢寐以求，但始終未能到手。之後，
聽聞某書販有此詩集抄本，但不肯出借。時值寒冬，李文藻買了一件珍貴皮
袍贈予書賈，始獲借鈔。借得抄本之後，文藻不顧「深冬寒甚，呵凍手抄」，
歷時月餘，將《海岱會集》抄錄完畢，可以想見文藻爲求一書，輕財重書，
用盡心力，書籍之得以保存流傳更見珍貴。〔註16〕

叢書》），卷一，〈辨訛〉，頁77。

〔註13〕〔清〕孫從添著、王嵐點校：《藏書記要》（北京市：北京燕山出版社，1998
年8月第一版，《書目書話叢書》第一冊），頁99。

〔註14〕錢穆著：《中國近三百年學術史》（臺北市：臺灣商務印書館，1995年），頁
159。

〔註15〕同註14，卷26，頁243。

〔註16〕〔清〕李文藻撰：〈海岱會集·跋〉《南澗遺文二卷附錄一卷補編一卷》（臺北：
新文豐出版社，1989年，《叢書集成續編》丙子十一月蟬隱廬印行），第191
冊，頁674。

陳準〈南澗遺文補編〉跋云：

> 乾隆中，山左藏書最富者首推益都李南澗先生。先生藏書數萬卷，每自加校讎，丹鉛不去手，罕覯之籍，更向他人借鈔，嘗向紀文達公假錄易漢學，汗漬衣襟不以爲苦。〔註17〕

此段說明，文藻藏書之稀見罕傳秘本，多向他人借鈔，包括其業師紀昀，紀昀亦爲當時著名之藏書家，李氏居京師期間多次至紀宅內借錄鈔寫。

此外，李文藻〈蓼谷紀年集序〉云：「歷城王秋史先生歿數十年，其縣人周書昌得其文集數巨冊於肆市，予因得錄之而重有歎焉。」〔註18〕有此書之收藏，是因好友周永年於書市之中獲得，因而得以鈔錄作序。由此看來文藻從書賈、業師紀曉嵐及友朋處借鈔方式所得圖書，當亦不在少數。

三、餽　贈

接受親友朋好贈予是圖書補充又一常見途徑，許多藏書家藏書生涯中既有受惠於他人之贈，亦多持贈同好，共悅書香。在藏書家之間禮尚往來中，書籍往往是表達謝忱與祝願之首選物品。在古代君權社會，皇帝經常向臣民頒贈圖書、以示褒獎與恩惠。如王隱《晉書》稱：「皇甫謐表從武帝借書，上送一車與之。謐羸病，手不釋卷，歷觀古今，無不皆綜。」〔註19〕即是一例。乾隆詔修《四庫全書》時，對獻書達五百種以上賜《古今圖書集成》一部；對於獻書達百種以上賜《佩文韻府》一部。〔註20〕翁廣平爲鮑廷博撰《賜書堂記》云：「高宗純皇帝賜《古今圖書集成》，先生既受拜是書，闢堂三楹，分貯四大廚，顏其堂之額曰『賜書』。」〔註21〕

私家贈書現象較爲普遍，如晁公武本人藏書得自他人相贈亦不少，其《郡齋讀書志·序》云：

> 南陽公天資好書，自知興元府至領四川轉運使，常以俸之半傳

〔註17〕同前註，頁 681。

〔註18〕同註 17，卷上，頁 70。

〔註19〕〔宋〕李昉等奉敕撰：《太平御覽》（臺北市：臺灣商務印書館，1997 年），第 4 冊，卷 619 引，頁 2909。

〔註20〕見辦理《四庫全書》歷次聖諭，乾隆三十九年五月十四日條。《合印四庫全書總目要及四庫未收書目禁燬書目》（臺北市：臺灣商務印書館，1978 年），頁 4～5。

〔註21〕〔清〕葉昌熾著：《藏書記事詩》（北京市：北京燕山出版社，1999 年 12 月，《書目書話叢書》第三冊）），卷 5 引，頁 426。

錄。時巴蜀獨不被兵，人間多有異本。聞之，未嘗不力求，必得而後已。歷二十餘年，所有甚富。既罷，載以舟，即廬山之下居焉。宿與公武厚，一日貽書曰：「某老且死，有平生所藏書，甚祕惜之。顧子孫稚弱，不自樹立。若其心愛名，則為貴者所奪；若其心好利，則為富者所售，恐不能保也。今舉以付子。他日，其間有好學者而後歸焉。不然，則子自取之。」公武惕然從其命。書凡五十篋，合吾家舊藏，除其複重，得二萬四千五百卷有奇。〔註22〕

從文得知：晁公武幸運得以接受上司，著名藏書家井度臨終遺贈，井氏將二十餘年辛勤積聚之藏書五十篋無私地贈予，加上舊藏並去其重複，因此次贈受，後世讀者也有幸讀到目錄學名著《郡齋讀書志》與晁公武一起分享井度遺贈。

　　李文藻曾接受過他人贈書，也曾贈書給他人。周永年《貸園叢書初集・序》云：「余交南澗三十年，凡相聚及簡尺往來，無不言傳抄書籍之事，及其官恩平、潮陽甫得刻茲十餘種，其原本則多得之於余。」〔註23〕並於序中憶及好友嘗云：「藏書不借，與藏書之意背矣；刻書不印，其與不刻奚異。」永年嘆為名言。由此可了解，圖書典藏目的在於利用，藏書除供自己讀書治學外，還應利及他人，文藻是贊同圖書之流通。

　　李文藻跋《馮舍人遺詩》云：「乾隆壬午（1762），門人馮生淑清饋此書；淑清，舍人元孫也。李文藻記。」〔註24〕馮淑清為文藻門生，師生之間書籍互有往來，亦是常情。

　　此外，王獻唐在《李南澗的藏書及其他》一文中提到李文藻藏書尚有：「足本《孟子趙氏注》十四卷，《孫氏音義》二卷。正定梁玉立初藏宋槧本，毛斧季從之借抄。其書後入四庫，戴東原從館書錄副，以貽南澗。南澗議付諸梓，攜入桂林，踰歲即沒。」〔註25〕戴震從四庫館閣抄錄副本以贈文藻，證明清代學者對於學術，彼此間互有往來結為同好，切磋琢磨，極為頻繁，文藻認為應予刊行，惜未能完成。

〔註22〕〔宋〕晁公武撰：《郡齋讀書志》（臺北京市：臺灣商務印書館，1983年，《景印文淵閣四庫全書・史部・目錄類》第674冊），頁156～157。

〔註23〕同註64，頁611。

〔註24〕王獻唐：〈李南澗的藏書及其他〉，摘錄自王紹曾、沙嘉孫著，《山東藏書家史略》（山東：山東大學出版社，1992年12月），頁369。

〔註25〕同前註。

李文藻在〈送馮魚山《說文》記〉一文，記述當時研究《說文》之概況、版本及索求經過，最後得之友人，又贈予友人，其云：

> 今年春夏間，予寓廣，日與馮魚山相過從。魚山講小學，每以不得此書為恨。回潮，乃舉此贈之。予之于書，聾瞽耳目，徒有之而不能用。魚山得此，將盡發其聰明，他日以語林汲，其不負萬里見寄之意矣乎。〔註26〕

當時嶺南得一佳本甚難，得之不能卒讀，僅是冊列架上之裝飾，美其名藏書；倘贈予能讀之人，是書籍之最大歸處。文藻好聚書，聚書不能讀則使之流傳，亦是一樂。於此涉及圖書流通問題，明萬曆時期姚士粦對此作過深入探討，嘗云：

> 吾郡未嘗無藏書家，卒無有以藏書聞者，蓋知以秘惜為藏不知以傳布同好為藏耳。何者？秘惜則箱篋中有不可知之秦劫，傳布則毫楮間有遞相傳之神理。此傳不傳之分，不可不察者。〔註27〕

他還強調指出：「以傳布為藏，真能藏書者。」〔註28〕依此論點，筆者更是推崇李氏為真能藏書者。

從藏書來源情形判定，可以看出並非有計畫訪求，或可謂因機緣或興之所趨，而陸續抄書與購藏。

第二節　藏書特色

今依李文藻《琉璃廠書肆記》及山東王獻唐先生所撰《李南澗之藏書及其他》，並配合各藏書志、圖書館著錄（含線上搜尋）中所載統計李文藻之藏書，盡可能復其舊觀，經整理結果，殆可視為目前可見較詳實之成果，然猶有未逮之處。

李文藻藏書於歿後書多流散，所著《所藏書目》、《所見書目》、《所聞書目》惜皆已亡佚，無得憑藉研究。故本統計就所得書目比對《四庫全書》、《續修四庫全書》、《四庫全書禁燬書目》、《清史稿》、《明史藝文志》等進行書目確認，並就各圖書館著錄之資料，復其版本刊刻資訊，以進行統計。

〔註26〕同註17，卷上，頁78。
〔註27〕同註118，卷三引，頁235。
〔註28〕同前註。

今統計李文藻藏書細目，如表三：

四部分類	細目分類	書　名	卷數	朝代	作者名	備　註
經部	易	《周易辨錄》	4	明	楊爵	清抄本、李文藻批校並跋
		《易例》	2	清	惠棟	清李文藻刻五十四年周氏書屋印貸園叢書本
	書	《禹貢錐指》	20	清	胡渭	
		《古文尚書考》	2	清	惠棟	清竹因書塢抄本、李文藻校並跋
	詩	《（宋板）韓詩外傳》	10	漢	韓嬰	宋刻本
	禮	《宋板溫公書儀》	10	宋	司馬光	宋刻本
		《文公家禮》	5	宋	朱熹	
		《禮學彙編》	70	清	應撝謙	
	春秋	《春秋尊王發微》	12	宋	孫復	
		《春秋增訂旁訓》	4	清	徐立綱	清匠門書屋刻五經旁訓本，李文藻批校
		《左傳補注》	6	清	惠棟	清李文藻刻五十四年周氏書屋印貸園叢書本
		《左傳評》	3	清	李文淵	清李文藻刻五十四年周氏書屋印貸園叢書本
		《春秋繁露》	17	漢	董仲舒	
	五經總義	《九經古義》	16	清	惠棟	清李文藻刻五十四年周氏書屋印貸園叢書本
		《經考》	5	清	戴震	李文藻家抄本、李文藻跋
	四書	抄本《孟子趙氏（岐）注》	14	漢	漢趙岐注，宋孫奭疏。	
	小學	《說文解字》	30	漢	許慎	
		《漢隸字源》	6	宋	婁機	
		《佩觿》	3	宋	郭恕	
		《古韻標準》	4	清	江永	乾隆三十六年刻本、李文藻校
		《四聲切韻表》	1	清	江永	清李文藻刻五十四年周氏書屋印貸園叢書本
		《重修玉篇》	30	梁宋	顧野王撰陳彭年重修	
		《廣韻》	5		不著撰人名氏	
		《聲韻考》	4	清	戴震	乾隆三十八年李文藻刻本

史部	紀傳	《史記評林一百三十卷難字直音一卷》	130	明	凌稚隆	明崇禎程正揆刻，清懷德堂重修本，李文藻、沈廷芳錄清方苞、沈淑園批校
		《毛板漢書》	132	漢	班固	明崇禎十五年虞山毛氏汲古閣刊本
		《新唐書糾繆》	20	宋	吳縝	清乾隆三十四年李文藻抄本、李文藻跋
		《新五代史記》	75	宋	歐陽脩	
		《（南監本）宋史》	496	元	脫脫等	明成化七年至十六年朱英刻明清遞修本、李文藻批校
		《（南監板）金史》	135	元	脫脫等	明南監本
		《元史略》	4	明	梁寅	抄本
		《明史稿》	20	清	湯斌	
	編年	《綱目定誤》《綱目訂誤》	4	清	陳景云	
		《歷代紀元彙考》	8	清	萬斯同	清抄本、李文藻批校並跋
	紀事本末	《宋通鑑紀事本末》	42	宋	袁樞	抄本
		《皇宋通鑑長編紀事本末》	150	宋	楊仲良	抄本
	別史	《東都事略》	130	宋	王偁	
		《大金國志》	40	宋	宇文懋昭	李文藻抄本、李文藻校並跋
	雜史	《建炎復辟記》	1		不撰人名氏	抄本
	傳記	《南征紀略》	2	清	孫廷銓	
	地理	《元和郡縣志》《元和郡縣圖志》	40	唐	李吉輔	清抄本、李文藻校並跋
		《太平寰宇記》	200	宋	樂史	清抄本、李文藻校
		《元豐九域志》	10	宋	王存	
		《齊乘》	6	元	于欽	清抄本、李文藻校並跋
		《新安文獻志》	100	明	程敏政	
		《方輿紀要》《讀史方輿紀要》	120	清	顧祖禹	抄本清史稿
		《職方外記》	5	明	艾儒略	
		《長安志》	20	宋	宋敏求	明嘉靖十一年李經刻本、李文藻跋並錄

	《長安志圖》	3	元	李好文	
	《水經注》	40	北魏	酈道元	明崇禎四年鍾羽正抄本、李文藻批校
	《泰山紀事》	3	明	宋燾	
	《說嵩》	32	清	景日昣	
	《岱史》	18	明	查志隆	
	《廣東新語》	28	清	屈大均	
	《山東泉河史》	15	明	胡瓚	
	《南岳志》	8	清	高自位、曠敏本同輯	乾隆十八年刻本、李文藻跋
	《廣輿記》	24	明	陸應陽	
職官	《三事忠告》 《牧民忠告》 《風憲忠告》 《廟堂忠告》	4 (1) (1) (2)	元	張養浩	清李文藻刻五十四年周氏書屋印貸園叢書本
	《補漢兵志》	1	宋	錢子文	清乾隆抄本、李文藻校
	《規條》即 《憲綱規條》	1	明	劉宗周	
	《呂公實政錄》	7	明	呂坤	明萬曆二十六刻本
政書	《洗冤錄》	1	宋	宋慈	
	《題名碑錄》 《明歷科進士題名碑錄》	15	清	宗室德沛	
目錄	《郡齋讀書志》	4	宋	晁公武	
	《文淵閣書目》	4	明	楊士奇	抄本
	《晁氏寶文堂書目》	3	明	晁瑮	抄本
	《牧齋書目》	1	清	錢謙益	清乾隆抄本、李文藻校並題記
	《本立堂藏書目》	1	清	魏維新	
	《集古錄跋尾》 《集古錄》	10	宋	歐陽脩	
	《金石錄》	3	宋	趙明誠	
	《隸釋》殘本附	27	宋	洪適	清抄本、李文藻校並跋
	《隸續》	21	宋	洪適	附《洪文惠公年譜》一卷，清大昕撰，李文藻影抄康熙四十五年曹寅揚州使院刻本，附年譜據稿本抄，李文藻校並跋

		《石刻鋪敘》	2	宋	曾宏父	清李文藻刻五十四年周氏書屋印貸園叢書本
		《寶刻類編》	8	宋	不撰著者姓氏	鈔本
		《輿地碑記目》	4	宋	王象之	抄本
		《古刻叢抄》	1	元	陶宗儀	知不足齋刻本
		《金薤琳琅》	20	明	都穆	乾隆三十一年李文藻抄本、李文藻校
		《國史經籍志》	6	明	焦竑	抄本
		《石墨鐫華》	6	明	趙崡	
		《瘞鶴銘考》	1	清	王士鈜	
		《金石圖》	2	清	褚峻摹圖牛運震補說	
		《中州金石考》	8	清	黃叔璥	
		《風墅殘帖釋文》	2	清	錢大昕	清李文藻刻五十四年周氏書屋印貸園叢書本
	史評	《唐史論斷》	3	宋	孫甫	
子部	法家	《韓非子》殘本	1	戰國	韓非 清嚴可均輯錄	
	藝術	《墨池編》	6	宋	朱長文	
		《欣賞編》	10	明	沈律	
	雜家	《蘆蒲筆記》	10	宋	劉昌詩	抄本
		《古今考》	10	宋	魏了翁	
		《麈史》	3	宋	王得臣	清抄本、李文藻校並跋
		《寓簡》	10	宋	沈作喆	抄本
		《自警編》	9	宋	趙善璙	抄本
		《蒿菴閒話》	2	清	張爾岐	李文藻家抄本，校並跋
	類書	《藝文類聚》	100	唐	歐陽詢	
	小說	《歸潛志》	14	元	劉祁	抄本
	道家	《老子說略》	2	清	張爾岐	
集部	別集（漢至五代）	《漢蔡中郎集》	6	漢	蔡邕	明嘉靖二十七年楊賢刻本、李文藻題款
		《杜工部集》殘本	4	唐	杜甫撰 錢謙益箋注	清康熙六年靜思堂刻本、李文藻批校

	《小畜集》	30	宋	王禹偁	抄本
	《穆參軍集》	3	宋	穆修	清抄本、李文藻批校並跋
	《東觀集》	10	宋	魏野	抄本
	《河南集》	27	宋	尹洙	清抄本，李文藻批並抄補，附錄補一卷，李文藻輯，稿本
	《孫明復小集》	1	宋	孫復	清抄本，清徐坊校跋並錄李文藻、羅有高校跋
別集（北宋建隆至靖康）	《傳家集》	80	宋	司馬光	
	《丹淵集》	40	宋	文同	
	《南豐類稾》	50	宋	曾鞏	
	《龍學集》	16	宋	祖無擇	清乾隆三十四年李文藻抄本、李文藻跋
	《節孝集》	30	宋	徐積	
	《施註蘇詩》	42	宋	蘇軾撰 宋施元之、顧禧注	
	《雞肋集》	70	宋	楊時	
	《郭功甫青山集》	30	宋	郭祥正	
	《吳郡樂圃朱生先餘稿十卷補遺一卷》	10	宋	朱長文	清周書倉抄本、李文藻校並跋
	《唐眉山集》《眉山唐先生文集》	30	宋	唐庚	雍正三年南陔草堂刊本
別集（南宋建炎至德祐）	《楊龜山集》	42	宋	楊時	
	《高東溪集》	2	宋	高登	清抄本、李文藻跋
	《張橫浦集》	20	宋	張九成	
	《雪山集》	12	宋	王質	清抄本、李文藻校並跋
	《知稼翁集》	2	宋	黃公度	
	《盤洲集》	80	宋	洪適	清乾隆李平仲抄本、李文藻校並跋
	《江湖長翁集》	40	宋	陳造	
	《裘竹齋集》	3	宋	裘萬頃	
	《龍川文集》	30	宋	陳亮	
	《龍洲道人集》	10	宋	劉過	
	《西山文集》	55	宋	眞德秀	
	《姜白石詩》《白石詩集》	1	宋	姜夔	
	《秋崖集》	40	宋	方岳	

別集 （金 至元）	《滏水集》	20	金	趙秉文	抄本
	《月屋漫稾》	1	元	黃庚	抄本
	《雲峰集》	10	元	胡炳文	
	《王文忠集》	6	元	王結	
	《文安集》	14	元	揭傒斯	抄本
	《吳淵穎集》	12	元	吳萊	
	《安雅堂集》	13	元	陳旅	
	《南湖集》	7	元	貢性之	抄本
	《呂敬夫詩集》	1	元	呂誠	
別集 （明）	《太師誠意伯劉文成公集》	20	明	劉基	明隆慶六年謝廷傑、陳烈刻本、李文藻跋
	《高青邱大全集》	18	明	高啓	
	《唐荊川先生文集》	12	明	唐順之	明繡谷廣慶堂刻本
	《具茨集》	5	明	王立道	
	《石隱園藏稿》	8	明	畢自嚴	
	《宋布衣集》	3	明	宋登春	
	《陶菴全集》	22	明	黃耀	
	《光菴集》	2	明	王賓	抄本
	《劉古直集》	16	明	劉珝	明嘉靖三年壽光劉氏家刊本、李文藻手書題記
	《栖眞館集》	31	明	屠隆	明萬曆間刊本
	《北澗集》	10	明	周佐	抄本
	《丁孟兼集》	6	明	張孟兼名丁，以字行	抄本
	《二布衣集》	3	明	宋登春	
	《練中丞金川集》	1	明	練子寧	清康熙間施愚山（閏章）高端生等校刊本
	《涇野先生別集》	12	明	呂柟	明嘉靖二十三年張良知刻本、李文藻跋
	《李中麓閑居集》	12	明	李開先	清抄本、李文藻跋
	《弗告堂集》	26	明	于若瀛	
	《邢孟貞詩集》 《石臼集》	不明	明	邢孟貞	
	《解春雨集》	10	明	解縉	
	《阮大鋮詩集》	不明	明	阮大鋮	

	書名	卷數	朝代	作者	版本
	《王漁洋遺書》三十八種 《漁洋全書》	237	清	王士禎	清康熙刻本
	《曝書亭集》	80	清	朱彝尊	清康熙五十三年朱稻孫刻本、李文藻批校
	《二曲集》	22	清	李容	
	《世德堂集》	4	清	王鉞	
	《憺園集》	38	清	徐乾學	
	《馮舍人遺詩》	6	清	馮廷櫆	李文藻跋
	《湖海集》	13	清	孔尚任	
	《蓼村集》	4	清	王苹	
	《密娛齋詩槀》	1	清	鄧汝功	
	《驪珠集》	6	清	顧有孝	清康熙九年序刊本
	《吳蓮洋集》 《蓮洋詩鈔》	10	清	吳雯	
	《潛庵先生遺稿》	5	清	湯斌	忠恕堂刻本
別集 （清）	《光宣台集》	25	清	阿字無禪師	清刻本
	《壯悔堂文集》	10	清	侯方域	清乾隆十四年陳履中、陳履平刻本，李文藻批校
	《楚村詩集》	6	清	丘石常	清康熙三十五年刻本、李文藻跋
	《緡齋詩選二卷補遺集一卷》	2	清	張謙宜	清乾隆二十四年法輝祖刻本、李文淵批識、李文藻跋
	《家學堂遺書二種》	14	清	張謙宜	清乾隆二十三年法輝祖刻本、李文藻跋
	《湘中草》	6	清	楊傳楷	清康熙二十四年刻本
	《午厓初草》	1	清	鄧汝功	
	《三魏全集》 《魏伯子文集》 《魏叔子文集》 《魏叔子詩集》 《魏季子文集》	56 （10） （22） （8） （16）	清	魏際瑞 魏禧 魏禮	
	《懷葛堂文集》 《梁份集》	15	清	梁份	

	《文苑英華辯證》	10	宋	彭叔夏	清乾隆周嘉猷抄本、李文藻校並跋
	《中州集》	10	金	元好問	
	《段氏二妙集》	8	金	段克己、段成己	抄本
	《山左明詩鈔》	35	明	宋弼	清乾隆三十六年恩平縣衙刻本
總集	《乾坤清氣》	14	明	偶桓	抄本
	《中州名賢文表》	30	明	劉昌	
	《新安文獻志》	100	明	程敏政	
	《風雅廣逸》	7	明	馮惟訥	
	《海岱會集》	12	明	馮琦等	抄本
	《古文約選》	不明	清	方苞	
	《明詩綜》	100	清	朱彝尊	
	《南宋襍事詩》	17	清	沈嘉轍等撰	
	《宋百家詩存》	40	清	曹庭棟	
詩文評	《張爲主客圖》	1	唐	張爲	
	《談龍錄》	1	清	趙執信	李文藻抄本
	《稼軒詞》	4	宋	辛棄疾	
詞曲	明本《類選箋釋草堂詩餘》	4	明	顧從敬選	明刻本
	《國朝詩餘》	3	明	錢允治編	
	《百末詞》	6	清	尤侗	清康熙刻本

據統計結果，李文藻藏書的部類與數量，如表四：

經　部			史　部			子　部			集　部		
類目	種數	卷數	類目	種數	卷數	類目	種數	卷數	類　目	種數	卷數
易	2	6	正史	8	1012	儒家			楚辭		
書	2	22	編年	2	12	兵家			別集（漢至五代）	2	10
詩	1	10	紀事本末	2	192	法家	1	1	別集（北宋建隆至靖康）	15	469
禮	3	85	別史	2	170	農家			別集（南宋建炎至德祐）	13	337

	種	卷		種	卷		種	卷		種	卷
春秋	5	42	雜史	1	1	醫家			別集（金至元）	9	84
孝經			詔令奏議			天文算法			別集（明）	20	217
五經總義	2	21	傳記	1	2	術數			別集（清）	21	561
樂			載記			藝術	2	16	總集	13	383
四書	1	14	時令			譜錄			詩文評	2	2
小學	8	83	地理	17	672	雜家	6	44	詞曲	4	17
			職官	4	13	類書	1	100			
			政書	2	16	小說家	1	14			
			目錄	20	134	釋家					
			史評	1	3	道家	1	2			
合計	24	283	合計	60	2227	合計	12	177	合計	99	2080

總計：195 種，計 4767 卷

就筆者所蒐羅統計資料分析，李文藻所收書之時代以及隸類、內容等情況表列，可以得知其藏書特色有下列幾項：

一、收藏版本以鈔本作品居多

就版本項而言，鈔本 52 種，約佔總量四分之一。前節李文藻藏書源流中提及鈔本或有批校訂謬事，且刊本因當時空間限制、交通不發達，流傳並不廣泛，反經鈔錄尚較能讓罕見秘藏之書以傳之後世。而文藻本身好聚書抄書，即使深多呵凍求抄借鈔不以為苦，只求書籍得以保存流傳；另文藻在購求收藏一項中，亦不乏為抄本典籍，是以經筆者統計析類之後，頗符合李文藻性嗜趣向，亦可足證在文獻藏書上，鈔本之重要價值。

二、以集部作品居多

從表二統計隸類可知，在四部（經、史、子、集）而言，以集部最多。集部作品中又以別集居大宗，計 80 種，約占總數的五分之二。大抵為時代人物之詩、文集，大概因歷代文集，流傳較多，且明清兩代刊刻文集風氣興盛，故著錄最豐富。

其次爲史部目錄類 19 種及地理類 17 種。可知李氏留意地方文獻，爲研究地區特性的寶貴資料。

三、收錄鄉賢先輩的著作

「爲學無所不賅，齊魯間藏書家自李少卿中麓、王司寇池北書庫著錄皆罕傳，慨然袞輯爲己任」是好友翁方綱盛讚之語，也表露出李文藻對保存傳佈家鄉文獻的心志。

從統計資料中，李文藻收錄鄉賢先輩著作計有 27 種，約佔總量 13.8%，其中宋代 4 人，元代 2 人，明代 7 人，清代 14 人。細目如表五：

四部分類	細目分類	書　名	卷數	朝代	作者名	備　註
經部	春秋	《左傳評》	3	清	李文淵	清李文藻刻五十四年周氏書屋印貸園叢書本
史部	傳記	《南征紀略》	2	清	孫廷銓	
	地理	《齊乘》	6	元	于欽	清抄本、李文藻校並跋
		《泰山紀事》	3	明	宋燾	
	職官	《三事忠告》 《牧民忠告》 《風憲忠告》 《廟堂忠告》	4 （1） （1） （2）	元	張養浩	清李文藻刻五十四年周氏書屋印貸園叢書本
	目錄	《郡齋讀書志》	4	宋	晁公武	
		《金石錄》	3	宋	趙明誠	
子部	雜家	《蒿菴閒話》	2	清	張爾岐	李文藻家抄本，校並跋
	道家	《老子說略》	2	清	張爾岐	
集部	別集（北宋建隆至靖康）	《穆參軍集》	3	宋	穆修	清抄本、李文藻批校並跋
	別集（明）	《石隱園藏稿》	8	明	畢自嚴	
		《劉古直集》	16	明	劉玠	明嘉靖三年壽光劉氏家刊本、李文藻手書題記
		《李中麓閑居集》	12	明	李開先	清抄本、李文藻跋
		《弗告堂集》	26	明	于若瀛	
	別集（清）	《王漁洋遺書》三十八種《漁洋全書》	237	清	王士禎	清康熙刻本
		《馮舍人遺詩》	6	清	馮廷櫆	李文藻跋

	《湖海集》	13	清	孔尚任	
	《蓼村集》	4	清	王苹	
	《密娛齋詩槀》	1	清	鄧汝功	
	《緄齋詩選二卷補遺集一卷》	2	清	張謙宜	清乾隆二十四年法輝祖刻本、李文淵批識、李文藻跋
	《家學堂遺書二種》	14	清	張謙宜	清乾隆二十三年法輝祖刻本、李文藻跋
	《午厓初草》	1	清	鄧汝功	
總集	《山左明詩鈔》	35	明	宋弼	清乾隆三十六年恩平縣衙刻本
	《風雅廣逸》	7	明	馮惟訥	
	《海岱會集》	12	明	馮琦等	抄本
詩文評	《談龍錄》	1	清	趙執信	李文藻抄本
詞曲	《稼軒詞》	4	宋	辛棄疾	

而四部分類中，以集部中的別集類為多，與前項特色分析相同。

從整理出之藏量觀之，195 種，4767 卷（待整理校補者，尚有二、三十種），葉昌熾《藏書記事詩》言：「先生藏書數萬卷」，在乾嘉時期藏書家中，藏書數量甚豐，惜今筆者所整理之李文藻藏書尚不及十分之一。

第三節　藏書保存、整理與利用

前人珍視其藏書，多會築樓以貯之，至清後期，孫從添所撰《藏書記要》中特別列一則，說明藏書處應當注意的各種問題。〔註 29〕李文藻典藏書籍處如何？其藏書家對收藏典籍多半會加以整理，李氏於藏書整理又作了多少？這些皆為本節要提出探討的。

一、保存：藏書樓

李文藻藏書極豐，其做為藏書處所有：竹西書屋、大雲山房及訓厚堂等處，然有關藏書處之記載甚微，無法探就其藏書之辦法或規約，又遠官嶺南，赴任時，攜萬卷書籍前往，〔註 30〕歿於任內，就此書籍散亡，令人慨嘆，頗感其藏書得以流傳後世之難矣。

〔註29〕孫從添撰：《藏書記要》（臺北市：廣文書局，1968 年 3 月影印初版）。
〔註30〕同註 51，頁 9。〈恩平集・郡館示季弟〉：「竹西屋三間，萬卷尚留藏。」

二、整　理

（一）鈐書印

今翻閱古書，常可見卷端下方等處鈐有朱色印記，此爲中國書籍特有之形式——藏書印。唐弢撰《晦庵書話・藏書印》云：

> 有時買了一本心愛的書，晴窗展讀，覺得紙白如□，墨潤如脂，不由得你不摸出印章，在第一頁右下鈐上一方朱紅的印記，替這本書增些色澤，也替自己的心頭添些喜悅。〔註31〕

此喜鈐印於圖籍上之習慣，自古已有。唐張彥遠《歷代名畫記・敘古今公私印記》云：「前代御府自晉宋至周隋，收聚圖書皆未行印記，但備列當時鑒識藝人押署。」〔註32〕唐代以前，官方藏書只有鑒賞者簽名，自唐以後，官方藏書鈐印逐漸相習成風。私人藏書印早於官方，據《歷代名畫記》記載，東晉時即已出現，惜無實物流傳。唐宋以後，私人藏書印日盛，至明、清時期，由於刻印材料和製作工藝朝著低廉、簡便而變革，篆刻藝術快速發展，鈐蓋藏書印達於巔峰，多數藏書家皆有自己專用印章。

根據王獻唐先生及諸家藏書記所載，李文藻藏書印記共得二十印，分錄於下：

1. 大雲山房　朱文方印
2. 李文藻印　白文方印
3. 李文藻印　朱文小方印
4. 南澗居士　朱文方印
5. 李氏珍藏　朱文雙虬方印
6. 左經右史　白文方印
7. 素伯　朱文方印
8. 李生　白文方印
9. 字曰香草　朱文方印
10. 辛巳進士　朱文方印
11. 繁露山長　白文長方印
12. 竹西書屋　白文小長方印

〔註31〕唐弢撰：《晦庵書話・藏書印》（北京市：三聯書店，1989年第二版），頁114。
〔註32〕〔唐〕張彥遠：《歷代名畫記》（北京市：商務印書館，2005年，《文淵閣四庫全書・子部・術數類・藝術類》，第269冊），卷3，頁432。

13. 李南澗藏書印　朱文方印

14. 敦修堂　朱文方印

15. 青州東廓李氏藏書　白文橫方印

16. 拙齋先生伯子　朱文橫方印

17. 李伯子　白文方印

18. 李靜叔之伯兄　白文方印

19. 管窺軒藏書印　白文方印

20. 訓厚堂藏書記　白文方印

　　就文藻藏書印記之內容，大致為反映藏書家有關情形。因藏書得來不易，每每對所得之書加鈐私印，以明藏書歸屬。就上述印章可析分為：自己姓名、字號、身份、門第等，能反映個人或自家情況之字樣。如：以姓氏「李氏珍藏」、以姓名「李文藻印」、以姓字「李南澗藏書印」、以里居「青州東廓李氏藏書」、以身份「辛巳進士」及「繁露山長」、以門第「拙齋先生伯子」；也有以自家藏書樓、齋、室等名稱入印，如：「大雲山房」、「竹西書屋」、「敦修堂」、「管窺軒藏書印」、「訓厚堂藏書記」等。〔註33〕

　　藏書家對於自己所珍藏的圖書，鈐有各種藏書印記，此亦為整理圖書之必要步驟，既可期名留後世，也可供後人辨識一書傳遞之跡，補其史料之不足。

（二）編製目錄

　　李文藻藏書目錄，記載於翁方綱所撰〈李南澗墓表〉：

　　　　為學無所不賅，齊魯間藏書家自李少卿中麓、王司寇池北書庫
　　著錄皆罕傳，慨然衷輯為己任，曰《所藏書目》、曰《所見書目》、
　　曰《所聞書目》，皆詳其序例卷次，志其刊抄歲月。

然已亡佚，無由得見。但從簡短數言，亦可推知其目錄學上之成就，倘其目錄尚在，不啻為後世競相研究之對象。

　　李文藻十分重視對古籍的整理，曾把平生所藏、所見、所聞的書籍編輯成《所藏書目》、《所見書目》和《所聞書目》，對每部書目所錄書籍都列其作者、版本及提要。文藻嘗云：

〔註33〕藏書印之分類係按任繼愈主編《中國藏書樓》第二章第十節第二項豐富多彩的印文內容所做分類之整理，除可反映藏書家有關情形，尚有表鑒賞校讀、表達愛書惜書之情及表志趣愛好。同註106，頁261～271。

予有手抄所見書目十來本，皆錄序跋略仿《經義考》之式，然不能成書，如周書昌作儒藏者，盡予之，其中亦有冷僻書也。〔註34〕

由此可知其所作書目爲抄本，尚未刊刻成書，目錄編製則仿朱彝尊之《經義考》。《四庫全書總目提要》述《經義考》體例云：

每一書前，列撰人姓氏，書名卷數。其卷數有異同者，則註某書作幾卷。次列存、佚、闕、未見字。次列原書序跋、諸儒論説，及其人之爵里。彝尊有所考正者，即附列案語於末。……上下二千年間，元元本本，使傳經原委，一一可稽，亦可云詳贍矣。〔註35〕

朱彝尊《經義考》被推爲經學目錄之代表作，朱氏根據從前見聞來考察古今經學文獻，收集先秦至清初研究經學著作，著其作者、書名、卷數、存佚，並引歷代學者之考論，再附以朱氏之按語，爲我國最有系統之經學總目錄。所收錄經書皆列出撰人姓名、書名、卷（篇）數，並且註明存、闕、佚、未見和僞書。最後爲按語，乃朱彝尊自己之考訂。茲引《經義考》爲例證：

經義考卷十五

易十四

東鄉氏助易物象釋疑

唐志一卷

未見一齊書目有

助自序曰：「易以龍象，乾以馬明，坤隨事義而取象。是故春秋傳辭多因物象而六十四卦，三百八十四爻之文觸類而長。（以下略）」

蔡攸序曰：「昔者，聖人之作易也，始畫八卦而象在中，象與卦並生，以寓天下之賾，故曰：『易者，象也。』（以下略）」

崇文總目：唐東鄉助撰取變卦，互體開釋言象，蓋未始見康成之學而著此書。（以下略）〔註36〕

又

李氏吉甫易象異義一作注一行易

佚

〔註34〕同註32，頁9。

〔註35〕〔清〕朱彝尊撰：《經義考》（北京市：商務印書館，2005年，《文津閣四庫全書・史部・政書類》，第225冊），卷1，頁449。

〔註36〕同前註，卷15，頁152～153。

舊唐書：李吉甫，字弘憲，趙郡人。金紫光祿大夫、中書
侍郎平章事、集賢殿大學士、監修國史上柱國趙國公嘗討論易象異
義，附於僧一行集注之下。

　　劉氏禹錫辨易九六論

　　　　一卷

　　　　　存載中山集

　　新唐書：劉禹錫，字夢得。自言系出中山，擢進士第。

（以下略）〔註37〕

　　又

李氏之才變卦反對圖

　　八篇

　　　闕〔註38〕

朱彝尊博徵歷來研究經學之書，識其存佚，提眾家考論，醇疵淺深，皆網羅
而不失，悉隱括以靡遺。論說有資於考鏡，見聞可藉為參稽。李文藻深受其
影響，對所作目錄「皆詳其序例卷次，志其刊抄歲月。」茲就此隻言片語，
概推文藻目錄之成就：

　　1. 所謂序例，包括序言與編例。序文一般介紹目錄編製目的與經過；編
例則介紹編製目錄所遵循規則，因此從序例中可明瞭目錄之特點及使用方法。

　　2. 卷次，目錄記錄篇卷冊數，可據以審查一部書完缺分合、版本差異，
而從著錄卷數不同，可發現後人改易原書之情形，判斷是書之價值。

　　3. 志其刊抄歲月，即是版本著錄。目錄著明版本，始於宋代，明清尤盛，
如明嘉靖年間《晁氏寶文堂書目》，即常於書名下注明版本。一書多本，也一
一加以著錄。（此書目亦在文藻藏書之中）版本著錄提供異本以備校勘之資，
漢代劉向、劉歆父子開啟備眾本以供校勘之傳統，後之學者咸認欲讀書先校
書。王鳴盛云：「嘗謂好著書不如多讀書，欲讀書必先精校書，校之未精而遽
讀，恐讀亦多誤矣。」〔註39〕是以文藻藏書數萬卷而手自校讎，對目錄之編
製應是翔實可靠，然藏書不存而目錄在，尚可資憑藉研究；藏書散佚且目錄

〔註37〕同前註，頁154。
〔註38〕同註133，頁179。
〔註39〕〔清〕王鳴盛著：《十七史商榷・序》（上海市：上海古籍出版社，1998年，《續
　　　修四庫全書》據復旦大學圖書館藏清乾隆52年洞涇草堂刻本影印），頁138。

－69－

無存，眞乃書籍之浩劫，筆者欲剝繭抽絲之愚篤是期明李氏於此確有其貢獻，不欲書目之湮滅而汨沒文藻。

三、利　用

（一）校　讎

　　文藻對於所藏圖籍，並非徒充篋笥，而是能校勘與整理。藏書家於購得一書或鈔錄一書之後，必加以校讎，方爲定本。凡書總有錯誤，校勘書籍即是一種勘訂文字工作。葉德輝云：「書不校勘，不如不讀。」〔註40〕故古來藏書，讀書務實之士，皆重校對、鑒別。文藻乃校勘之藏書家（張之洞《書目答問》附錄二《國朝著術諸家姓名略》）對校勘典籍之勤勉、重視，自不在話下。文藻對於藏書，每能親手校錄，就所搜整之資料中，經文藻批校之書籍至少有十種，如表六：

分部	書　　名	作　　者	備　　註
經	《周易辯錄》四卷	〔明〕楊爵撰	四庫底本
	《春秋增訂旁訓》四卷	〔清〕徐立綱撰	清匠門書屋刻五經旁訓本
史	《宋史》四百九十六卷《目錄》三卷	〔元〕脫脫等撰	明成化七年至十六年朱英刻明清遞修本
	《歷代紀元彙考》八卷	〔清〕萬斯同撰	清抄本
	《水經注》四十卷	〔北魏〕酈道元撰	明崇禎四年鐘羽正抄本
子	《麈史》三卷	〔宋〕王得臣撰	清抄本
集	《杜工部集》二十卷	〔唐〕杜甫撰、〔清〕錢謙益箋注	清康熙六年季氏靜思堂刻本
	《穆參軍集》三卷〔宋〕遺事一卷	〔宋〕穆修撰	清抄本
	《壯悔堂文集》十卷	〔清〕侯方域撰	清乾隆十四年陳履中、陳履平刻本
	《曝書亭集》八十卷、〔清〕朱昆田撰：《附錄》一卷《笛漁小稿》十卷	〔清〕朱彝尊	清康熙五十三年朱稻孫刻本

　　古籍經過無數次輾轉傳鈔或翻刻，難免會有譌誤脫漏，必須詳加校勘，方知流傳版本優劣完缺。

〔註40〕同註101，頁50。

（二）刻　書

文藻嗜書如命，不遺餘力到處搜訪，並為之刊行。於益都家居期間，凡鄉里先人有詩文可傳者，必「撰次而表章」或「訪其遺書刊行之」，如德州宋弼、盧見曾選《山左明詩鈔》，文藻為其搜羅詩人數十家、詩數百首，最後刊刻梓行。

又《清史列傳》〔註41〕述李氏「嘗訪張爾岐、惠棟、江永諸遺書刻之，曰『貸園叢書』〔註42〕」，文藻在恩平做官，對著名經學家惠棟、音韻學家江永，儘管素不相識，但仍然到處搜訪他們的書稿，整理刊印發行，計所刻十二種：

《九經古義》十六卷　惠棟著

《易例》二卷　同上　底稿現歸濰縣丁稼民收藏

《左傳補註》六卷　惠棟著

《左傳評》三卷　李文淵著

《古韻標準》四卷　江永著

《四聲切韻表》不分卷　同上

《聲韻考》四卷　戴震著

《石刻補敘》二卷　曾宏父著

《風墅殘帖釋文》二卷　錢大昕著

《三事忠告》四卷　張養浩著

《蒿庵閑話》二卷　張爾岐著

《談龍錄》一卷　趙執信著

所輯皆清代經師孳治經學音韻著述，實開刊刻有清一代考據書籍之先河，惟原書僅刻初集，為可惜哉。〔註43〕以此論斷文藻刻書之動機，不為私利揚名、附庸雅俗，是為嘉惠士林、保存鄉賢文獻，清張海鵬云：

> 藏書不如讀書，讀書不如刻書。讀書只以為己，刻書可以澤人，

〔註41〕《清史列傳》（臺北市：中華書局，1962年），卷72文苑傳3，頁5908。

〔註42〕「貸園叢書」於文藻生前已刻，然未及印而歿，後由其好友周永年繼其志，將之編輯。刻印問世。此書今日尚存，有《百部叢書集成》據原刻本影印（臺北：藝文書局，1965～1970）該叢書刻有惠棟、江永、戴震、錢大昕和張爾岐等人的著作。

〔註43〕《續修四庫全書提要》（臺北：臺灣商務印書館，1972年3月），頁200。

上以壽作者之精神，下以惠後來之沾漑，其道不更廣耶？〔註44〕
此一表章先哲、嘉惠來者之目的尤值讚賞、爲人景仰。

第四節　散佚情形

　　李文藻沒有來得及整理自己的藏書和文稿，49 歲時客死他鄉。臨終時對
自己的藏書與文稿耿耿於懷，他臨終幾篇日記交代：

> 予去歲在紀房師宅住兩個月，多所見聞，欲錄爲一書，名《平
> 臺啜茗錄》，惜未果也，若不死，此書三日可成……予有手抄《所見
> 書目》十來本，皆錄序跋，略仿《經義考》之式，然不能成書，周
> 書昌做儒藏者，盡予之，其中有冷僻書也。〔註45〕

> 所藏書不必分，子姪中誰能讀即與之可也。如必欲分，將我產
> 入公三百兩，書仍歸我，或書昌儒藏成，即盡歸于書昌可也。章邱
> 記之。〔註46〕

此提到李文藻藏書及未成書之書目於歿前對子孫所作交代，可清楚感受到文
藻對藏書之安排，子孫可讀之則留與子孫，不欲子孫分產處理，或贈予好友
以廣爲運用。期書籍之受到善用，更加顯現文藻乃愛書之人。

　　對於己詩，李文藻也曾叮囑後人云：「予之詩，求錢老師、紀老師、翁學
士、邵二雲、張藥房、羅臺山定之皆可，一半年內即定即刻，千萬！千萬！」
然而，後輩並未遵其叮囑去做，以後李家家道中落，李文藻書稿便大量散失，
後又遭逢大火，藏書被焚殆盡，留下了無盡遺憾。

　　先生藏書目錄，今已佚失，無從窺其全貌。其見於四庫著錄者七種（據
《四庫全書總目提要》之著錄計有《易例》、《九經古義》、《古韻標準》、《三
事忠告》、《左傳補注》、《蒿菴閒話》、《山左明詩鈔》）。文藻歿後書多流散，
剩餘之一部份，歸濰縣宋晉之，一部份歸一名曰壽字慢亭（一字仙評）者。
章邱高淑性，爲晉之子婿。晉之晚年無子，寓居高家，盡以所著經稿及藏書，
歸淑性，淑性爲刻《周易要義》一種，餘均未刻。慢叟之書，後亦輾轉歸高
氏。又經匪亂，損失頗多，淑性去世後，其子孫盡以勢餘殘書，售諸敬古齋。

〔註44〕同註 118，卷 6，頁 497。
〔註45〕同註 32，頁 8～9。
〔註46〕同前註，頁 3。

又聞知安丘趙錄績（孝陸）收藏獨多，趙氏書後歸山東省圖書館及山東大學圖書館。王獻唐先生據濟南之老於書業者，稱清末民初時，屢見南澗藏書，多售于北平書賈。此外，繆荃孫《琉璃廠書肆後記》，謂翰文齋主人韓心源得李南澗藏書云云。茲就李文藻藏書散佚以圖示說明其流散歸屬之情形，如表四：

李文藻藏書

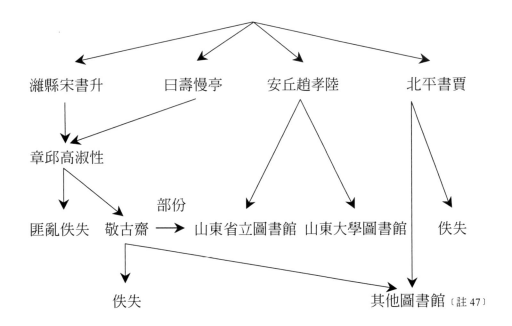

〔註47〕其他圖書館如：中國國家圖書館、中國科學院圖書館、北京大學圖書館、北京師範圖書館、山東大學圖書館、山東省博物館、曲阜師範學院圖書館、安徽師範大學圖書館、安徽省圖書館、天津圖書館、湖北省圖書館、上海圖書館、復旦大學圖書館、杭州大學圖書館、南京圖書館、浙江圖書館、美國國會圖書館、國家圖書館（臺灣）。

附錄：李文藻藏書印

第五章　李文藻編纂方志成就特色

　　清朝統一局面出現之後，政治漸次穩定，經濟發展興盛，帶來文化繁榮景況，爲方志大量編修創造有利條件。〔註1〕大規模修志活動，帶動學者積極參與。康、雍、乾時期，文網嚴密，士人未敢輕言治史，因而轉移心力至考據之學。考據講求樸實，注重文獻之收集、排比、考證，此與志書修纂之法實有異曲同工之妙，吸引不少文人加入修志行列；且章學誠曾云：「大丈夫不爲史臣，亦當從名公臣卿執筆充筆記，而因論列當世，以文章見用于時，

〔註1〕據《中國地方志聯合目錄》著錄之八千二百餘種方志，（中國科學院北京天文臺編：《中國地方志聯合目錄》（北京：中華書局，1985 年 1 月），前言。）光清一代即有五千七百餘種，數量龐大，超越歷代總和。清代修志活動蓬勃發展，實由於統治階層重視，自康熙十一年（1672）至道光二十二年（1842），一百七十年間，連續三次編修《一統志》。大陸巴兆祥撰〈論《大清一統志》的編修對地方志的影響〉指出：編修《一統志》和各地方的方志，是清政府維持對全國各地方的有效統治，維護大一統局面的重要舉措和手段，也爲反映清朝大一統狀況和清政府功績提供了一個載體。（巴兆祥：〈論《大清一統志》的編修對地方志的影響〉，《寧夏社會科學學報》第 3 期（2004 年 3 月），頁 67。）爲便於《一統志》匯編資料，清廷多次下詔各省府州縣修輯志書，以供朝廷編修。如《（康熙）清水縣志》劉俊聲序云：「聖子垂拱，命纂修一統全書，內外臣士咸奉厥職，大自藩省，下至郡邑，莫不有志，以供擷取。」（〔清〕張桂芳撰：《（康熙）清水縣志》（海南省海口市：海南出版社，2001 年，《故宮珍本叢刊》據清康熙 26 年刻本影印，第 83 冊），頁 307。），又《（乾隆）歷城縣志》吳嗣爵序云：「聖天子典學政治，遠紹旁搜，敕儒臣纂修一統志，檄取直省府州縣志以備參考。」〔清〕胡德琳修、李文藻纂：《歷城縣志》（上海市：上海古籍出版社，1998 年，《續修四庫全書》，山東省圖書館藏清乾隆三十六年刻本影印，第 694 冊），頁 2。）統治者大力提倡並連續編修《一統志》，地方官長亦莫不以修志作爲個人之治績，必然掀起各地方修志風潮。

如纂修志乘，亦其中之一事也。」〔註2〕學者將個人學術研究結合修志，視修志爲著述大業，講求體例方法，注重史料考訂，大大豐富方志內容，提高方志學術價值，〔註3〕間接促成方志事業興盛，當時乾嘉許多著名學者，如：章學誠、戴震、洪亮吉等，〔註4〕皆有纂修方志，誠如梁啓超所說：「乾、嘉以降，學者日益重視斯業矣。……注意方志的編纂方法，實自乾隆中葉始。」〔註5〕

　　山東自古以來人文薈萃，地近京師，素有文化大省、文獻之邦美譽，據《中國地方志聯合目錄》著錄之山東方志計有 541 種，數量上較其他各省爲多；而李文藻所纂《諸城縣志》與《歷城縣志》兩部評價甚高，茲分別介紹並比較分析如后。

第一節　李文藻與《諸城縣志》

一、《諸城縣志》纂修背景

　　地方是隨著時代持續發展變化，清朝因編修《一統志》，各地府、州、縣志也得經常編修，清廷曾下令，各地志書每六十年一修，〔註6〕據筆者非正式統計，府州縣志先後續修五次以上者不在少數，《諸城縣志》即是其一。《中國地方志總目提要》對《〔萬曆〕諸城縣志》與《〔康熙〕諸城縣志》之評價頗爲肯定，一是堪爲明代山東志書之珍本佳乘，提要對《〔萬曆〕諸城縣志》評云：

> 是志篇目周備，記注詳明，…記事載文，莫不甄採周備，有存故實。是志每篇有議有論，言辭雅訓，多切實用。加之刻印精工，

〔註2〕〔清〕章學誠：〈答甄秀才論修志第一書〉，同註58，頁308。

〔註3〕來新夏：《方志學概論》（福建：福建人民出版社，1983年8月），頁82。

〔註4〕章學誠纂修或參修方志有《和州志》、《永清縣志》、《大名縣志》、《亳州志》、《麻城縣志》、《石首縣志》、《常德府志》、《荊州府志》、《湖北通志》、《廣濟縣志》等。戴震曾主纂《汾州府志》、《汾陽縣志》、《金山志》、《眞隸河渠書》、《山地記》等，並審定《應州續志》、《壽陽志》等。洪亮吉纂修十餘部方志，主要有《涇縣志》、《澄城縣志》、《淳化縣志》、《登封縣志》、《懷慶府志》、《固始縣志》、《長武縣志》、《延安府志》等。以上資料參見黃葦等著：《方志學》（上海：復旦大學出版社，1993年6月），頁546、539、505。

〔註5〕同註5，頁425。

〔註6〕倉修良編：《方志學通論》（北京：方志出版社，2003年10月），頁73。

堪爲明代山東志書之珍本佳乘。〔註7〕

一是有存鄉邦文獻之功，《〔康熙〕諸城縣志》評爲：「是志參酌前志，更易部分篇目，續補萬曆以後人事尚賅備。增補人物與遺文雜著頗豐，有存鄉邦文獻之功。」〔註8〕然至乾隆續修之時，又歷九十年，《諸城縣志》顧士安序云：

> 明萬曆間，纂者縣人名曰前志，國朝康熙間，纂者名曰後志，至今已九十年矣。建置之興廢、田賦之沿革、職官之去來、科目仕官之履歷，忠臣孝子、名卿大夫、文宗詩伯、高人列女之言行，其待采於史氏者，蓋不勝數也。〔註9〕

方志能呈現一地之現況，而近百年之變化未加纂修，無怪乎待采史者不可數，更遑論書板經久磨損不清，舊志將無可憑恃，新志纂修必更加艱困。

《諸城縣志》宮懋讓序云：

> 國朝康熙癸丑，知縣卞君穎重修之志，……又九十年爲乾隆壬午，予借補是縣，卞志且漫漶不可讀。別求得舊印者二部，又得陳志一部以爲張本，廣延文士更葺之。〔註10〕

有感舊志經久失修，書板漫漶幾不可讀，且相較於當下之現況，顯其簡陋、疏畧，其間之脫誤亦未得補正，遂慨然有續修之心志，於是延攬文人參與方志纂修志業。

二、《諸城縣志》纂修內容

是志繼康熙志而修，始於乾隆二十七年（1762），諸城縣知縣宮懋讓邀李文藻主纂之，成於乾隆二十八年（1763），于乾隆二十九年（1764）梓行。卷前有宮懋讓、顧士安、何樂善各一序，舊志序跋四篇。共四十六卷，爲圖一、總紀二、考十二、表十一、錄二、列傳十八，約三十五萬字。內分圖、總紀、星野考、疆域考、山川考、建置考、古迹考、田賦考、武備考、風俗考、方物考、藝文考、金石考、歷代地理沿革表、歷代封建表、歷代職官表、歷代

〔註7〕　金恩輝、胡述兆主編：《中國地方志總目提要（中冊）》（臺北市：漢美圖書有限公司，1996 年 4 月），頁 15～32。

〔註8〕　同前註，頁 15～33。

〔註9〕　〔清〕李文藻纂：《乾隆諸城縣志》（臺北：成文出版社，1976 年，《中國方志叢書》據清乾隆二十九年刊本影印），卷 14，頁 8。

〔註10〕　同前註，卷 14，頁 2。

選舉表、國朝選舉表、明景泰以來議敘表、明洪熙以來誥敕表、歷代襲蔭表、雜見表、宦迹錄、列傳二十四門，紀、考、表、錄、列傳倣古史之例。《諸城縣志》宮懋讓序云：

> 夫典禮樂章不載者，非略也，天下所同也；其山川、疆域、田賦、特產必詳者，非侈也，一邑之所獨也。〔註11〕

方志編纂是延續歷來志書的基礎上不斷遞修而成，《諸城縣志》也在前兩部評價其甚佳的志書基礎下，更上層樓，除皆重視突顯、體現地方特色，更創立「金石考」一門，爲歷來志書所無。而李文藻所纂《諸城縣志》強調一字一句皆有出處，無一言己出，不同於《〔萬曆〕諸城縣志》「每篇有議有論」，是而有纂輯體代表之稱譽。李文藻《諸城縣志》取材豐碩，諸考之中除藝文、金石外，餘皆捨去數字、條目之簡略俗例，而以文字詳贍備查，頗受後來志乘學家稱譽。如《諸城縣志・山川考》對膠水源頭考證條理明晰：

> 膠水二源，東源出膠州境孫家溝，即萊州府志出鐵橛山北者也。西源出鹵山東忠高密境，土人名其源曰：涼灣。東流二里屈北，流二十餘里始與東源合此水。水經注膠水出五弩山，而萊州府志之鹵水也。二源合流三里，至賢和莊入縣境北流七里，逕麻溝莊而東北入膠州境，再入高密境分爲二，東流入於東海，西流入於北海，水之北條盡是矣。〔註12〕

膠水之源起、分合、流向，佐以考證資料，詳實備考。又如《諸城縣志・藝文考》小序云：

> （前略）今經解、古文、詩稿、雜著多至百餘種，若皆剞劂以傳，將汗牛充棟矣。美既不可勝收，掛一漏萬，無取也。今倣史體，但合縣人所著錄，摭其書名、卷數錄之於簡，以見著作之富，後之人按錄以求，即未付梓人者，亦不至湮沒而無傳也。作藝文考。〔註13〕

倣古史之例，從古至今，並保存地方人士著述，即使尚未刊印流傳，因錄於方志之中而可考，可見李文藻所纂志書，不僅要字有出處，句有來源，更有存鄉邦文獻之功。

〔註11〕同註153，卷14，頁3。
〔註12〕同註153，卷6，頁243。
〔註13〕同註153，卷13，頁357。

第二節　李文藻與《歷城縣志》

一、《歷城縣志》纂修背景

　　《歷城縣志》，就筆者所見著錄最早者爲《（崇禎）歷城縣志》，據《續修四庫全書提要》對此志編修情形略理述如後：此志成於崇禎十三年（1638），而崇禎十二年正月有清兵下濟南一事，因此兵燹之餘，斷簡遺黎，僅存大略，雖苦心搜整，歷時四月而成，然書成倉卒，乖漏尚多。康熙六十一年（1722）歷城縣令李師白重刊，編次依舊，惟于職官志增補清初人物。因此至乾隆胡德琳任知縣時，面對舊志而有所慨嘆：「然山川古蹟、職官人物脫誤時見，國朝康熙間，李氏恕亭嘗踵修而莫能是正。」〔註14〕方志是記載一地區自然和社會各方面的歷史與現狀的綜合性著述，反映不同時期社會生活、思想文化、山川物產等之面貌，爲後世提供豐碩資料，若年久未修，一地之豐富史料終將佚失，訛誤無得補正，將造成文獻之浩劫，亦是志纂修之主要原因。

　　《歷城縣志》韋謙恒序云：

　　　　歷城舊固有志，論者以爲佳史，然百年以來，缺而莫補，且板
　　亦漸就漫漶矣。今東昌太守胡君書業向宰是邑，用經術飾史治，未
　　逾年，廉政具舉，即慨然於舊志之不修，久且墜，爰設局延致紳士，
　　互相鑒訂。〔註15〕

可見普遍存在著史志因年久而未再修，紙張因時代久隔，遭受蟲蛀、水淹等諸多因素，以致文獻資料難以完整呈現，甚至湮滅不存，而留存之書板亦因使用磨損，而無法清晰印刷，諸多種種突顯舊志失修或不修之嚴重，促使清代史志續修風潮湧起。

二、《歷城縣志》纂修內容

　　乾隆三十二年（1767），李文藻又應歷城縣知縣胡德琳之請，與著名藏書家兼好友周書昌一起主纂《歷城縣志》。是志始修於乾隆三十二年（1767），

〔註14〕〔清〕胡德琳修、李文藻纂：《歷城縣志》（上海市：上海古籍出版社，1998
　　　　年，《續修四庫全書》據山東省圖書館藏清乾隆三十六年刻本影印，第694冊），
　　　　頁11。
〔註15〕同註158，頁8。

志成于乾隆三十六年（1771），乾隆三十八年（1773）付梓行。卷前有崔應階、吳嗣爵、韋謙恒、李中簡、胡德琳、姚立德、徐績、何焴、王亶望、國泰各一序，縣圖四幀。正文五十卷，首一卷：卷一至卷五十爲總紀、地域考、山水考、建置考、古迹考、藝文考、金石考、封建表、職官表、選舉表、襲爵表、貤封表、宦迹錄、列傳、雜綴，共計十五門，門下又分細目四十四，約五十萬餘字。

　　該志倣正史體例，並以軼事異聞總爲雜綴，附在卷尾，編次有序，考注精審，其所作諸考之精要遠遠越超越前代志書，如金石考所錄金石詳列尺寸，存其形制，以利後人考見；又藝文志僅述篇目大要，有關故實散見山水條末及各考中，而詩文古詞分隸各門之中，寓考核於風雅，既明山川古迹之沿革，又如親臨其地般，殆在歷來志書中亦是僅見之例，茲舉例以證之。《歷城縣志‧地域考一》：

魏晉青州

　　濟南太守晉世濟岷郡云：魏平蜀，徙蜀豪將家於濟河，故立此郡。安帝義熙中土斷，并濟南案，晉太康地志無濟岷郡。宋書州郡志。

　　濟南郡，晉永嘉之後移理歷城，即今州理是也。後爲石勒所據，慕容氏亦有其地。李吉甫元和郡縣國志。

　　按晉書地理志濟南郡既云：漢置而所統平壽、下密等五縣皆漢北海郡屬。今刻本晉書考證謂有脫誤，良是。濟南府志凡例乃據此以駁通志，自晉永嘉後理歷城之說，不知其實本於元和志，不可破也。至宋書州郡志濟南太守領縣六首廣城，乃僑置之郡縣耳。〔註16〕

考注精審，字字句句，皆有依據，無一句出於己，其按語亦是引證，再引證。又《歷城縣志‧金石考一》：

東魏

龍洞造象記

　　大魏天平四年，歲次缺朔，廿□日庚申，使持節缺侍驃騎大將軍關缺、尚書缺涇涼葷□南缺、九州刺史汝陽王□叔缺敬造彌勒像一軀缺七厝。皇祚永隆四缺金生之類，普登正覺車騎將軍、左光祿大

〔註16〕同註158，卷3，頁3。

夫、缺州長史乙伏銳、征北將軍、金紫光祿大夫缺。

　　右造像石刻，高八寸，寬一尺四寸五分。文十一行，行十字，字徑五分正書，後有張永康王舜居六大字，為後人所刻，在城東南三十六里，龍洞後門口，北向。〔註17〕

李文藻精金石椎拓，於編纂《諸城縣志》創立金石考一門，至《歷城縣志》欲能抉摘史氏之失而有資於考據。

第三節　　《諸城縣志》與《歷城縣志》之比較分析

　　李文藻參與主纂《諸城縣志》與《歷城縣志》，歷受方志學家推崇，茲將兩志表列如下，並加以比較歸納其異同，如表七：

項次/名稱	《諸城縣志》	備　註	《歷城縣志》	備　註
纂修時間	始於乾隆二十七年，成於乾隆二十八年，于乾隆二十九年梓行。	李文藻待官講學時期（乾隆二十四年至三十四年）	始修於乾隆三十二年，志成于乾隆三十六年，乾隆三十八年付梓行。	李文藻待官講學時期至嶺南仕宦時期（乾隆二十四年至四十三年）
纂修原因	經久失修、書板漫漶、脫誤未得補正		舊志缺而莫補，書板漸漫漶。	
卷數、字數	四十六卷，約三十五萬字。		五十卷，五十餘萬字。	
志書內容詳目	圖一卷		附縣圖四幀	
	總紀二卷		卷一～二：總紀	
	考十二卷（星野考、疆域考、山川考、建置考、古蹟考、田賦考、武備考、風俗考、方物考、藝文考、金石考上下）	十二卷之下建置十一門目，金石考為2卷。	卷三～五：地域考（沿革、星上、疆界、道路、里社、戶口、田賦、風俗、物產）	以六門統攝，二十三卷，下又有二十七細目。
			卷六～九：山水考（山、水）	
			卷十～十三：建置考（城池、官署、壇廟、學校、兵防、驛通）	
			卷十四～十八：古蹟考（城址、故藩、故宅、亭館、陸墓、寺觀）	

〔註17〕同註158，卷23，頁6。

		卷十九～二十二：藝文考（經部、史部、子部、集部）	
		卷二十三～二十五：金石考	
表十一卷（歷代地理沿革表、歷代封建表、歷代職官表、歷代選舉表、國朝選舉表、明景泰以來議敘表、明洪熙以來誥敕表、歷代襲蔭表、雜見表）		卷二十六～二十七：職官表	
		卷二十八～三十一：選舉表	
		卷三十二：襲爵表	
		卷三十三：貤封表	
錄二卷（宦蹟）		卷三十四：宦蹟錄	
列傳十八卷（儒林、文苑、武功、忠烈、孝義、一行、隱逸、方伎、喬寓、列女）	多武功一目	卷三十五～四十八：列傳（儒林、文苑、忠烈、孝義、一行、隱逸、方伎、僑寓、列女）	
		卷四十九～五十：雜綴（軼事、異聞）	爲《諸城縣志》所無

　　由上表可知，兩志之纂修，在大環境政治穩定，經濟興盛，文化繁榮，爲方志大量編修創造有利條件，地方官長咸感於前志久經未修，一地之豐富史料終將佚失，誤訛無得補正；而前志書板經久磨損不清，舊志將無可憑恃，新志纂修必更加艱困，莫不紛紛延攬文士纂修新志，一言破之，爲政績、爲留名，殆皆有之。然而志書之纂修優劣，更是志書學家關心之事，能否反映不同時期社會生活、思想文化、山川物產等之面貌，爲後世提供豐碩且正確無訛誤資料，才是文獻之福。

　　檢《中國地方志總目提要》對兩志的評論歸出：《諸城縣志》與《歷城縣志》條分明晰，精審賅備，徵引博洽，尤其在考證上尤爲突出，強調無一字無依據，被視爲清代方志纂輯體代表作。《歷城縣志》纂輯時間稍晚，其纂修除李文藻外，尚有好友周書昌一起主纂，其在體例上較《諸城縣志》嚴謹，各以類從，檢讀兩便，且使志書非爲文獻資料堆砌處，其故實、詩詞文賦是散列各門目之中，非生冷羅列於藝文等專目屬性裡。加上李、周二人飽學多才，長於金石目錄，又精考據訓詁，故其諸考特爲精審確當，《諸城縣志》在

李文藻主纂之下，諸考考證即已詳實過於前志，至編纂《歷城縣志》時，更是後出轉精，更勝《諸城縣志》。而在《諸城縣志》創立「金石考」，不僅明證李文藻對金石愛好，並讓志書增益文獻價值及考證依據，為歷代志書所無，李文藻創立之功，應予舉揚。

　　兩志異少同多，筆者再考發現，李文藻編纂兩志書卻未有專門著作談論修志理論，然從其主纂志書凡例、序言及卷首無題小序之中，已然呈現一己之修志原則與特色，以下筆者試從方志性質、體例、編撰方法、載事詳略等方面略述其見解。

一、兼容並蓄

　　清代中葉以後，由於許多學者參與修志，均以各自不同學術觀點指導修志之實踐，逐漸形成不同的流派。筆者參酌倉良修等五種有關方志學著作，〔註18〕當時的方志學界主要分成兩派：一是地理派（也稱考據派或舊派），以方志為地理書，著重記載地理情況，以戴震、洪亮吉為代表〔註19〕；一派是歷史派（也稱新派），認為方志是歷史書，修志應遵循史法，以章學誠為代表人物〔註20〕。

　　陳捷先於《清代臺灣方志研究》中亦提及清代方志派別的轉變，茲整敘述如下：在書中第五章清季臺灣方志發展——同光時期臺灣四種縣廳志述要第一節《淡水廳志》，指出《淡水廳志》從《初稿》至《續稿》，歷經三十多年，其同治六年同安舉人林豪主持編纂《續稿》，並於寫成之《淡水廳志訂謬》

〔註18〕倉修良編：《方志學通論》（北京市：方志出版社，2003年10月）、黃葦等著：《方志學》（上海：復旦大學出版社，1993年6月）、陳光貽著：《中國方志學史》（福州：福建人民出版社，1998年9月）、林天蔚著：《方志學與地方史研究》（臺北市：南天書局有限公司，1995年7月）、來新夏主編：《方志學概論》（福州市：福建人民出版社，1983年8月）。

〔註19〕戴震主張：「夫志以考地理，但悉心於地理沿革，則志事以竟。侈言文獻，豈所謂急務者？」見〔清〕章學誠，〈記與戴東原論修志〉，同註58，章14，頁286。洪亮吉主張修志要「貴因襲而不貴創新，信載籍而不信傳聞。」見清‧李德瀚修，洪亮吉纂，《涇縣志序》（臺北市：成文出版社，1975年，《中國方志叢書》據民國3年重印清光緒12年重刊清嘉慶11年刊本影印），頁4。

〔註20〕章誠認為方志屬史，在〈答甄秀才論修志第一書〉一文提出「志乃史體」，又在〈記與戴東原論修志〉中表示「方志如古國史，本非地理專門」，更在〈丁巳歲暮書懷投贈賓谷轉運因以志別〉中說：「方志乃一方之全史也」。以上具見〔清〕章學誠，《章氏遺書》（臺北：漢聲出版社，1973年1月）。

文中述及他編纂《續稿》的大旨在徵信紀實,「寧缺勿濫」。又「臚列細目,不厭其詳」「皆附管見於後」等等,仍是注重考按方法的。林豪雖未言明仿陳夢林《諸羅縣志》義例然不離明清以來此派方志學者作風極為明顯。(筆者按:考按方法,即是纂輯,為地理派或稱舊派編纂方志之法)林豪出身方志世家,其父林焜燿道光中期曾手撰《金門志》,書未刊行而逝世。同治十三年林豪續成其書,其體例與《彭湖廳志》原例幾乎相同。而《金門志》體例師法道光年間周凱所作《廈門志》略加損益而成。陳捷先推論林豪的淡水廳志《續稿》所採取的體例應無疑問的是史例。用史例修方志,在清代臺灣地區方志史上算是一大變革。此變革或多或少受到清代學者章學誠的方志學理影響。(筆者按:章學誠為歷史派或新派的代表人物)陳捷先總結林豪作志的義法,是不脫陳夢林、范咸方志學的傳統學派(地理派),他作方志的體例則不離周凱、張鉉史例,和沾染一點章學誠方志學的作風(歷史派)。〔註21〕

上述說明方志學發展至清代分成兩派:地理派和歷史派,至清道光年間臺灣方志編撰已融合兩者之特色,使得方志的編撰更加完備。筆者觀李文藻所撰兩志,非可歸為地理派,亦非全屬歷史派,實兼兩派之特點;文藻不僅重視地理沿革,且必親臨山川一一載明,又重舊有史料文獻之徵實,一字一句必注明出處,其以纂輯之法撰志書,視志書之性質為史書,此實具開創性之見解,李文藻為乾嘉時期人物,而上段臺灣方志學發展至道光年間,其融合兩派特長之趨勢,筆者大膽推論歸結其影響起於李文藻所撰兩方志。《中國地方志總目提要》盛讚《諸城縣志》云:「是志堪稱清代纂輯體之代表,向為史志學家所稱譽。」〔註22〕又讚揚《歷城縣志》云:「通觀全書,徵引博洽,詳瞻賅備,只言片語,皆有依據,推為清代方志纂輯派的代表。」〔註23〕資料出處皆有所據,即便一言一語亦必搜羅徵集,以備詳盡。梁啟超於〈清代學術變遷與政治的影響〉一文中對山東李文藻所纂諸城、歷城兩縣志給予很高評價:

李南澗(文藻)歷城、諸城兩志,全書皆纂輯舊文,不自著一字,以求絕對徵信。後此志家,多踵效之。〔註24〕

〔註21〕陳捷先著:《清代臺灣方志研究》(臺北市:臺灣學生書局,1996年8月初版),頁151~157。
〔註22〕同註151,頁15~33。
〔註23〕同註151,頁15~10。
〔註24〕同註5,頁33。

李文藻修志用纂輯之法，所謂「纂輯」，爲聚集大量資料，加以編排整理成書，其間不摻個人主觀意見。在《歷城縣志‧凡例》中明確規定：

> 衛正叔作《禮記集說》曰：「他人著惟恐不出于己，予此編惟恐不出于人。」朱竹垞《日下舊聞》仿之，故所抄群書皆分注于下。今亦竊取此義，或略加引括者，則曰「見」，或據其未見原書，而抄自他書者，亦曰「見」，至後來人物爲前人之書所未及者，則書采訪諸君之名氏，既與古人書相配，且以見取舍之出于公論也。〔註25〕

此說明《歷城縣志》所使用之資料，其來源皆有出處，且無一己之言入。《諸城縣志》宮懋讓序云：

> 一事之錄，必糾其原本，一人之登，必參之公論，非苛也，務以訂誤正僞而期其可以傳信也。〔註26〕

編纂志書字字有根據、句句有來源，對古人語言一字不改，注明出處，治學嚴謹，此皆爲修志運用纂輯體之論。清代最典型纂輯派志書爲朱彝尊《日下舊聞》及依書增補《欽定日下舊聞考》，除了按語外，無一句是作者話語。李文藻有意仿此，在纂輯兩志書時，特重視實地調查研究。胡德琳《歷城縣志‧序》云：「山川之脈絡，溝渠之分并，皆親至其地，綜覽而條析之。」〔註27〕山川形勢親臨其地，一一載明。因而，章學誠十分推崇李文藻以纂輯方法編《歷城縣志》。章氏〈報廣濟董大尹論修志書〉中分析並讚揚《歷城縣志》云：

> 纂輯之史，則以博雅爲事，以一字必有按據爲歸，錯綜複雜，整煉而有剪裁，斯爲美也。……前周書昌與李南澗合修《歷城縣志》，無一字不著來歷。其古書舊志有明文者，固注原書名目。即新收事，無書可注，如取於案牘，則注某房案卷字樣；如取投送傳狀，則注家傳呈狀字樣；其有得于口述者，則注某人口述字樣。此明全書，并無自己一言之徵，及眞仿《舊聞》而畫一矣。〔註28〕

章氏說明李文藻纂修志書，務使有關考證，不漏不支，對所收錄事必注明來處，無一己之言，仿朱氏《日下舊聞》如出一轍。《中國地方志總目提要》同樣視李文藻爲纂輯派代表人物，足見李文藻對于清代纂輯派修志實踐和理論

〔註25〕同註158，頁12。
〔註26〕同註153，卷14，頁3～4。
〔註27〕同註158，頁11。
〔註28〕〔清〕章學誠：〈報廣濟董大尹論修志書〉，同註58，頁285。

研究開創之功。

　　李文藻《歷城縣志‧藝文考》卷首小序直書：「地志，亦史也。」〔註29〕
主張志屬史，然在《諸城縣志‧列傳》小序又強調史與志有不同之處。序云：

　　　　志與史同也，亦異也。揚往迹以勵將來，同也。史編天下之大，

　　志錄一邑之小。〔註30〕

由此可見，李文藻以爲地志乃史，卻又不全同于史，〔註31〕然筆者細審《諸
城縣志‧列傳》序文，志與史皆具有相同功用「揚往迹以勵將來」，其異者僅
是範圍大小不同，宮懋讓〈修志告城隍廟文〉云：「邑志與國史，書有大小而
體無異同。」〔註32〕實質上與章氏歷史說並無根本上區別，因章氏已經說過
「志乃國史」〔註33〕、「部府州縣之志，乃國史之分體」〔註34〕，如此，則志
與史在實質上并無不同，惟涉及範圍小大各異。

二、體例嚴謹

　　方志體例實乃志書表現形式。宋元以後，方志定型發展，並日益受其它
著作影響，趨於多樣化，此爲方志發展重要標示與必然結果。從志目結構考
察，李文藻所纂諸城、歷城兩方志體式屬紀傳體〔註35〕。此體產生正說明方
志爲史，而受正史影響日益擴大，方志編纂不斷向史學理論汲取養分，亦是
方志學術地位提高重要標志。紀傳體例志書首見於宋朝，「志書之體，至周應
合《景定建康志》分圖、志、表、傳四篇，而體裁始備。」〔註36〕，該志即
仿正史體例，至清朝方志編纂亦多採紀傳體式。《續修四庫全書提要》對《諸
城縣志》與《歷城縣志》的體例亦明白標示「純倣古史之例」〔註37〕、「頗仿

〔註29〕同註158，頁338

〔註30〕同註153，卷14，頁863。

〔註31〕同註7。

〔註32〕同註113，頁658。

〔註33〕〔清〕章學誠：〈丁巳歲暮書懷投贈賓谷轉運因以志別〉，同註58，章14，頁
　　　　719。

〔註34〕〔清〕章學誠：〈亳州志掌故議例下〉，同註58，章15，頁306。

〔註35〕方志學家將方志區分爲下列十數種體式：（一）平目體；（二）綱目體；（三）
　　　　紀傳體；（四）編年體；（五）三寶體；（六）政書體；（七）兩部體；（八）三
　　　　書體；（九）章節體。同註148，頁311～321。

〔註36〕〔清〕李鴻章、黃彭年纂：《畿輔通志》（石家莊：河北人民版社，1985年11
　　　　月），第一冊，凡例，頁1。

〔註37〕同註140，史部，頁2012。

正史體例」〔註38〕，除對地方之山川形勢沿革、藝文、金石、民情、物產皆詳實載記，其最大部分仍表現在人物事蹟上。今舉《歷城縣志》所載〔宋〕曾鞏二篇文章〈齊州北水門記〉及〈齊州二堂記〉，《歷城縣志・金石考》云：

曾鞏齊州北水門記熙寧五年三月

　　文見建置考（頁 181：曾鞏齊州北水門記：濟南多甘泉，名聞者以十數。其釃而爲渠布、道路、民廬、官舍，無所不至；滴滴分流如深山長谷之間，其匯而爲渠，環城之西北，故北城之下疏爲門以洩之。若歲水溢城之外流，潦暴集則嘗取荊葦爲蔽納土於門以防水之入。既弗堅，完又勞且費，至始以庫錢買石傭民爲工，因其故門累石爲兩崖，其深八十尺，廣三十尺，中置石楗，析爲二門，爲皆用木，視水之高下而閉縱之。以下略。）

曾鞏齊州二堂記熙寧六年二月

　　文見古蹟考（頁 268：歷山堂、濼源堂舊在趵突泉上，北曰歷山，南曰濼源。南豐知齊州，日建此以館客，有齊州二堂記，皆廢。齊乘

　　曾鞏齊州二堂記：齊濱濼水而初無使客之館，使客至則長發民，調材木爲舍，以寓去則撤之。既費且陋，乃爲徒官之廢，屋爲二堂，於濼水之上以舍客因考其山川而名之。蓋史記五帝紀謂舜耕歷山、漁雷澤、陶河濱什器於壽邱，就時於負夏。鄭康成釋歷山在河東，雷澤在濟陰，負夏衛地。皇甫謐釋壽邱在魯東門之北，濟陰定陶西南陶邱亭是也。以考之耕稼陶漁皆舜之初，宜同時則其其地不宜相遠，二家所釋雷澤、河濱、壽邱、負夏皆在魯衛之間，地相望，則歷山不宜獨在河東也。孟子又謂舜東夷之人，則陶漁在濟陰、作什器在魯東門、就時在衛、耕歷山在齊，皆東方之地，合於孟子。按圖記皆謂禹貢所稱雷首山在河東，嬀水出焉，而此山有九號，歷山其一號也。以下略。）

　　　右二碑久佚，今存者乃明人重刻。

此二篇文章原刻于石碑之上，故于金石考中可見其記載，原碑已佚，今爲明人所重刻者，然於金石考未見此二篇文章內容，是另見於建置考及古蹟考之

中，因是按其體例編排，且透過註記以備查考，是以義例嚴正，考析詳明，條分明晰。

三、詳獨略同

黃葦著《方志學》一書中提到我國方志約有近兩萬種，依其詳略不同，可分為尚繁、尚簡兩種類型〔註39〕。繁、簡各有優劣，歷來爭論不休。然觀方志的發展，是由簡到繁，記載漸詳。黃葦評論志書過繁、過簡固均失當，然就保存資料而言，還是繁勝簡。方志編當繁而勿蕪，詳而勿雜，言簡事賅，文省事豐。所以觀文藻所撰方志亦取向志書應內容詳盡，能全面、系統地反映一地歷史與現狀，體現地方特色。李文藻主張方志載事要詳。《歷城縣志‧凡例》寫道：

> 近來郡縣皆有志，復視之，則多亭林所謂取成于數月之內而不問其可傳否者耳。今雖學謝前人，然力所可及必不敢苟為率略，以犯前人之議。〔註40〕

這一規定，說明前志簡略之不可取，今纂方志詳贍之必要。《歷城縣志‧列傳》小序云：

> 若志郡縣而史采數人以為傳，又不盡其事，不備其官，以謂簡而法，吾不信也。……予力搜遺籍及碑表之摩滅而僅存者為潤飾成篇，而有傳於史者，則無美惡皆錄之。龍淵鍾氏有言，寧詳勿署，寧寬勿苛，其可法也。〔註41〕

李文藻認為志書為傳應盡事備官，忠實原貌，不應有所偏頗，簡而不足採信，寧詳錄之。蕭馴〈中國地方志人物傳記述評〉一文云：「乾隆《歷城縣志》記載人物甚詳，於各史有傳者，皆錄其文。」〔註42〕更加證明後世對其志書詳備之推崇。

其次，文藻主張方志載事應從實際出發。《諸城縣志》宮懋讓序云：

> 夫典禮樂章不裁者，非略也，天下所同也；其山川、疆域、田賦、特產必詳者，非侈也，一邑之所獨也。〔註43〕

〔註39〕同註148，346～357頁。
〔註40〕同註158，頁12。
〔註41〕同註158，頁552。
〔註42〕蕭馴，<中國地方志人物傳記述評>，《歷史月刊》1997年8月號，頁64。
〔註43〕同註153，卷14，頁3。

又如《諸城縣志・風俗考第八》云：

> （前略）至除夕、守歲、元旦賀節、元宵燈火、清明鞦韆、端陽角黍、中秋月餅、重九登高、冬至拜墓，以至七月之望、十月之塑皆行祭掃，則近今以來，鄰邑所同，故不詳錄。〔註44〕

此詳獨略同的主張，對新修縣志仍有借鑒意義，並能呈現方志地域性特徵，我國幅員廣闊，各地歷史條件、自然環境、經濟文化發展程度各異，因而各有特色，除志書中重點記述，增加篇幅外，因地制宜，通過志目門類之設置來體現。《諸城縣志・凡例》云：

> 橋閘津渡，志書每自爲一目列建置，今以水利所關俱詳，于山水考中不復別也。〔註45〕

由此可以看出，李文藻對于志書載事詳略裁定用心良苦。筆者茲就兩志各舉一例，以明此詳獨略同的修志原則。《諸城縣志・方物考第九》：

> 蔬果同他邑，而菘較大，栗柿較多，康熙間多棗。近年樹稍長則枯，父老謂樹之瘋疾也。果松、青桐樹文而子可食，白花，百合花香，根美則他邑不及。文官果雖著名天下，惜種植不多也。木瓜、木梨、海棠果並可爲案碩清供，至藍家村之山藥、黃埠嶺之西瓜，則一方之尤美者。五蓮山之拐棗、齋堂島之海棗，則一物之獨異者。芋，古名蹲鴟，南瓜俗名飯瓜，貧民多植隙地，儲以禦冬，可省菽粟之半。近又有白藷，來自閩粵，從前所無，今亦爲土產矣。〔註46〕

此段記載在諸城所產之蔬果特色，昔今之變化，昔無今有，甚至記載有關植物之病變，極其詳盡。

《歷城縣志・地域考三》中記載歷城此地產有多種礦石，茲節錄如下：

> 齊州陽起石，一名白石；一名羊起石，雲母根也。
>
> 赤石脂，生濟南、射陽及泰山陰，採無時。
>
> 白石脂，生泰山之陰，採無時。
>
> 阿婆、趙榮二藥，齊人以白薑石、犬屎、緋帛、棘、鍼、鈎等合成如墨硬　土，作丸，主惡瘡，出齊州。

〔註44〕同註153，卷11，頁2。

〔註45〕同註158，頁13。

〔註46〕同註153，卷12，頁345、346、347。

> 石膏，生齊山谷及盧山，採無時。
>
> 代赭石，一名須丸，一名師，生齊州亭山。
>
> 薑石，生土石間，齊州歷城東者，良所在，亦有今惟出齊州，其狀如薑，有五種，色白者最良，採無時。
>
> 石乳，生泰山。
>
> 滑石，生泰山之陰。
>
> 太一餘糧，一名石腦，生泰山山谷，九月採。
>
> 紫石英，生泰山山谷，採無時。陶隱居云：泰山石色重，澈下有根，最佳。

經筆者查閱《本草綱目》〔註47〕、《神農本草經》〔註48〕等書，以上所錄皆屬中藥名稱。如「齊州陽起石，一名白石；一名羊起石，雲母根也。」《本草綱目》記載：

> 氣味甘平，無毒。主治身痺死肌，中風寒熱，如在車船上。除邪氣，安五臟，益子精，明目。久服輕身延年，下氣堅肌，續絕補中，療五勞七傷，虛損少氣，止痢。久服悅澤不老。耐寒暑，志高神仙。主下痢腸澼，補腎冷。〔註49〕

歷城地近泰山，所產礦石可做爲中藥藥材，自古即是重要之產地，也成爲歷城志書上獨特之處。

四、創立金石考

　　金石學作爲專門之學始於宋代歐陽脩著《集古錄》，此後學者研究之內容與方法不出著錄、摹寫、考釋、評述四個方向，有存其目者，有錄其文者，有圖其形者，有摹其字者，有分地記載者，有分類編纂者，或考其時代，或述其制度，或釋其文字，或評其書迹，至爲詳備。〔註50〕至清一代，金石學發展突發猛進，尤其乾嘉學派興起，因考據需要，成爲顯學。由於金石刻一般記載較重要事情、原委，不怕風雨，能夠以垂久遠，因此有著堅實憑證作

〔註47〕〔明〕李時珍撰：《新訂本草綱目》（臺南市：世一文化事業有限公司，2005年，《中醫藥書研究全集：8》）

〔註48〕〔清〕顧觀光輯：《神農本草經》（臺中市：文興出版社，2006年，《中醫臨床經典：16》）

〔註49〕同註192，卷8，頁297。

〔註50〕朱劍心：《金石學》（上海：上海書店，1920年），頁20。

用，是以具有補充文獻之不足，印證有關史實價值。文藻性嗜金石，錢大昕
在所爲〈墓誌銘〉中云：

> 於金石刻搜羅尤富，所過學宮寺觀、岩洞崖壁，必停驂周覽。
> 有僕劉福者，善椎拓，攜紙墨以從。有所得，則盡搨之。〔註51〕

歷代著名碑銘石刻，無不依賴拓本得以流傳，特別那些原石已經亡佚，而尙
存拓本者，尤爲珍貴。文藻所到之處，聞有石刻塔碑，必訪之摹拓。翁方綱
〈李南澗墓表〉亦極稱之：

> 其於金石，則專以所見爲主。蓋欲依曝書亭著錄八門之目，以
> 編經籍；久欲依朱氏經義考存、闕、佚、未見之例，以編金石。〔註
> 52〕

李文藻對金石愛好與研究曾留下大量金石著作，而這些研究也體現在所纂縣
志中。《續修四庫全書提要》對《諸城縣志》有這段評價：「對舊志，多所更
改，創立金石考，爲舊志所無。」〔註53〕金石存在各地方，保存當地重要史
料，自不能置于志書之外，忽而不視，故創設金石考一門。

李文藻於《諸城縣志》金石考小序寫道：

> 纂志乘而攟取風雲月露之辭以爲富，俾覽者籤揚陶汰耳目瞀
> 亂，吾不知於志乘何裨也。限以金石則付骭災棗黎者不與焉，而於
> 古蹟有足以救其銷歇；於建置有足以覈其原委；於宦績人物有足以
> 補史氏之闕，訂承說之誤蘄，於志乘有所發明焉耳矣。元以前片石
> 必采之，石度以尺，字度以寸，雖無文不忍其久而沒也，職詳也。
> 明以下決擇嚴矣，取其有繫於故實者，職要也。吁！殘碑缺醫更閱
> 幾年，或有羨今人幸及見之者，而今之所謂近而不足寶者，又有拂
> 蘚而讀博爲徵引者矣。作金石考。〔註54〕

李文藻於志乘是有所發明，認爲金石實有助於對志書的補闕訂誤，並提出志
書不當以優美文辭作爲浮譽悅人耳目之工具，章學誠也主張：「不可專事浮
文，以虛譽爲事也。」〔註55〕此外在《歷城縣志》金石考小序亦云：

> 集金石之文者始於歐曾，至趙而博，至洪而專矣。其餘朱文長、

〔註51〕同註14。
〔註52〕同註25，卷14，頁575。
〔註53〕同註181。
〔註54〕同註153，卷14，頁367。
〔註55〕〔清〕章學誠：〈記與戴東原論修志〉，同註58，章15，頁308。

妻機、陳思、鄭樵、都穆、楊愼、趙崡、于奕正之所編纂或有無文，或僅論書法，其能抉摘史氏之失而有資於考據者，蓋不多見焉。近世崑山顧氏、秀水朱氏辨證號最精，惜於宋元以後闕焉，弗備。夫今日之視宋元明，猶歐趙之視漢唐也，其可弗著於錄乎。予嘗有志蒐羅而無其力，茲就縣中見聞所及，摩鈔而次第之。自漢迄元無所遺，明以後則擇其有關縣事者，以備一方掌故。非能於史傳有所發明也而姑論之，如此作金石考。〔註56〕

李文藻不僅將金石的研究發展、缺失作一概述，亦說明作金石考是爲能抉摘史氏之缺失而有資考據，以備地方之故實。《諸城縣志・金石考上》：

秦始皇帝琅琊臺刻石

其文云：維二十六年皇帝作始……皇帝功德刻於金石，以爲表經。此李斯所篆頌詩也。石久泐，據史記之，按前志所載與此異者：事已大畢，前志作事祀之畢、上農作尚農、一量作以量、舟輿作車輿、明臨作臨明、安寧作安平、北戶作坯戶、與議作輿議、三皇作三王、知教作之教、紀作記、長作常、倍作背、內作字、昭明宗廟作路寢極廟、尊號作尊親、刻作勒、以爲表經作以爲經、昌武侯下空一字，至於琅邪下多列侯張晏曰，列侯者見序十字，或謂前志及重刻拓本，然異處多不可通，如列侯張晏等十字，恐即錄史記注耳。按張晏，字子晏，三國魏時中山人。〔註57〕

前志對此刻文內容抄錄，錯誤頗多，且文藻認爲有《史記》注文誤入正文之情形。於此可見文藻對金石之投入，及在校勘上用力，足稱名家之實。又《歷城縣志・金石考一》：

佛峪造像記

大唐乾元二年，佛弟子遇緣，爲國王帝主大地苦眾生敬造阿彌佛一軀，三月五日建。右字四行，行九字，字徑五分，正書，在城東南三十餘里，佛峪寺西北懸崖。〔註58〕

文藻之記詳實可徵，凡時、地、尺寸、行、字、書體等，對後世之研究提供

〔註56〕同註158，卷23，頁415。
〔註57〕同註153，卷14，頁370。
〔註58〕同註158，頁415。

可靠之資料。

第四節　李文藻方志學上之成就

　　李文藻關于志書價值之議論，多在卷首「小序」中，筆者經整理分析，可歸納出以下四點：

一、保存故實

　　《諸城縣志・總紀》小序云：

> 史乘之可考及傳說之可信者，事無大小，皆有系于民。無賢愚，皆限之于位，故欲存故實而已〔註59〕

方志卷帙浩繁，資料詳實，多成為各學術研究徵引之源，其因在於故實保存、流傳。方志內容廣博，記一地主要情形，所以察民風，驗士俗，使前有所稽，後有所鑒。《諸城縣志》諸城縣事王屋何樂善序云：

> 邑有志，猶國有史也。……信今傳後，下為一邑之觀法，上脩史氏之採擇，其所係豈淺鮮哉。〔註60〕

故志書可以「存故實」，內容豐富，舉凡歷朝歷代之歷史、地理、政治、經濟、軍事、文化、教育、科技、風俗、人物、名勝、宗教、異聞等等可為後世參考、擷取之資料寶庫。

　　在 1669 年，時為康熙七年，山東發生一次大地震，在志書上皆有記載。《諸城縣志・總紀下》：

> 戊申七年，夏六月甲申地震（下小字為注文）聲如迅雷，城郭盧舍盡壞，壓死二千七百餘人，地裂湧黑沙、水，與樹梢齊震動，數月不止，旋大雨、暴風，田禾覆沒。〔註61〕

《歷城縣志・總紀二》：「戊申七年夏六月二十七日地震。見府志」〔註62〕上述二條資料，皆同時記載同一地震，此外，筆者查閱《郎潛紀聞》中第 543 條亦同樣記錄此次山東大地震，云：

> 康熙七年六月十七日戌時，山東大地震，棲霞山震，沂水陷穴

〔註59〕同註 153，卷 14，頁 91。
〔註60〕同註 153，卷 14，頁 13。
〔註61〕同註 153，卷 14，頁 155。
〔註62〕同註 158，頁 60。

> 廣數丈，民間有井傾仄不可汲，樓臺南北易向者。見蒲松齡《聊齋
> 誌異》。按《聊齋誌異》誕幻，其紀述災異，有月日，必不謬。〔註63〕

可見當時地震規模頗大，《諸城縣志》甚至記錄當時損害情形，爲後世提供確
切文獻資料。

此外，許多名人瑣事異聞，記載於地方志書上，反較史書來得眞實有趣。
《歷城縣志・雜綴二・異聞》趙明誠條：

> 幼時其父將爲擇婦，明誠晝寢，夢誦一書，覺來惟憶三句，云：
> 『言與司合，安上已脫，芝芙草拔。』以告其父，其父爲解曰：『汝
> 待得能文詞婦也。言與司合是詞字，安上已脫是女字，芝芙草拔是
> 之夫二字，非謂汝爲詞女之夫乎。』後李翁以女妻之，即易安也。
> 果有文章。……嫏嬛記〔註64〕

趙明誠、李清照夫婦，其恩愛的事蹟早爲世人所知，而方志中所載則更有天
作之合的命定，文中又帶文學析字的趣味，增添方志的多樣性。

二、知所治道

方志爲一方之總覽，又時時增修，其徵信的程度，自較他書爲高，且無
可替代，是以縣內山川形勢、戶口田賦，皆能爲行政官員所掌握，而俾發政
令得其宜也。《諸城縣志・田賦考》小序云：

> 縣幅員廣闊，賦稅之科分合，沿革門類不一，今詳爲考稽，以
> 分爲志……亦司牧者收掌也。〔註65〕

方志詳載一地各方資料，經由方志可迅速了解一地之情形，由古至今之變化、
措施優劣，皆可爲治理之依據。如《諸城縣志・田賦考》：

> 戶口有身則有丁稅，如有田則有地稅，本租庸調法也。明以前
> 戶口無可考，洪永間，戶二萬六千有奇口，男婦老稚幾二十萬。萬
> 曆間，清查開除戶七千五百零，口四萬六千零。嘻！凋敝甚矣。國
> 朝自定鼎至康熙五十一年，休養生息，其成丁當差者二萬四千三百
> 九十有八，裁倂諸城五百丁，裁倂青州左衛五十四丁，共二萬四千

〔註63〕 〔清〕陳康祺：《郎潛紀聞初筆二筆三筆》（北京市：中華書局，1984年3月），
頁237。
〔註64〕 同註158，頁706。
〔註65〕 同註153，卷14，頁311。

九百五十二丁，以戶有八口計之，幾復明初舊額。……至康熙五十
年後，歷今又五十年，海宇承平，戶口日繁，歷年滋生不知幾倍於
舊其著之冊者。〔註66〕

由這段記載得知，明末清初時，諸城人口因朝代更迭，戰亂頻仍，人口銳減；
清朝建立，採取生養休息之策，社會逐漸安定，人口回升，至乾隆朝，人口
發展已數倍於昔日，清之治世達于鼎盛。

《歷城縣志‧地域考‧風俗》：

太史公曰：吾適齊，自泰山屬之琅邪，北被於海，膏壤二千里，
其民闊達，多知其天性也。史記齊世家

齊故爲文學之國，然亦以朋比誇詐見於習俗。曾鞏南豐類稿

齊郡舊曰：濟南，其俗好教飾淫哇之音，能使骨騰肉飛，傾詭
人目。俗云：齊倡本出此也。隋書地理志

大抵數郡風俗與古不殊，男子多務農桑，崇尚學業，其歸於儉
約，則頗似舊風。同上

愚按今齊俗比燕趙諸郡，號爲朴野，惟濟南水陸輻湊，商賈所
通倡優、游食頗多，皆非土人，欽佐廉察，月塑望行香，三皇廟廟
旁見倡家立，命逐之。逮今城中無此輩，上官賢牧存心風化此，亦
易事云。齊乘

濟南人敦厚闊達多大節程元遂間堂記

濟南府習尚敦厚，俗皆務本。李賢等大明一統志〔註67〕

歷城之風俗民情自古多儉樸淳厚，然其地理位置處山東通達之處，外來之人
多會於此，商旅眾多，聲色娛樂亦多，倡優甚夥，皆非本地之人，於此可見
歷城多元差異下的風貌。但要有心治理亦非難事，實其地人民務本淳厚所致
耳！爲官者可由志書之內容得知一地之風俗、民情，而可知所治理。

三、蘊含教化

章氏〈答甄秀才論修志第一書〉一文中指出：

史志之書，有裨風教者，原因傳述忠孝節義，懍懍烈烈，有聲

〔註66〕同註153，卷9，頁313～316。
〔註67〕同註158，頁88。

　　　　有色，使百世而下，怯者勇生，貪者廉立。〔註68〕

志傳勸懲功能是有一定效果。《諸城縣志‧職官表》小序：「前輝未沒，亦後
來者所籍以考鑒得失也。」〔註69〕又《諸城縣志‧列傳》小序：「在朝在野，
以言以行，凡有可采無不收之簡冊，庶無遺憾矣。」〔註70〕凡有值得稱揚者，
皆應載入志書。章學誠強調志書教化功能，主在傳記。尤值一提，李文藻所
纂兩志皆設「一行傳」，以重行為，褒揚社會好風尚，教化民風。《諸城縣志‧
一行傳》小序云：「秉筆者將以挽頹俗而還淳風，自當急為表揚。」〔註71〕又
《歷城縣志‧一行傳》小序云：

　　　　吾所輯孝義，非見於舊史，即合旌表之例者也，其行著於家而
　　　　德及於鄉人者，復於往籍殘碑及採訪冊得如干人，謂之一行。〔註72〕

此類記述在舊志中極為少見，值得借鑒。茲各舉一例如下：

　　《諸城縣志‧一行傳》：

　　　　惠國隆，字太寰。明季之亂，同弟負母以逃，弟遇害，國隆自
　　　　負之，三日夜不食，未嘗使母自行也。康熙十八年，大饑，出粟振
　　　　貸邨中，數百戶無流亡者。〔註73〕

《歷城縣志‧一行傳》：

　　　　朱緯，字義俶，歲貢生，宏祚從子，事寡母，以孝聞。授邱縣
　　　　訓導，是時家多顯達。緯有吏才，為上官所器，顧念母老，請養歸。
　　　　康熙四十三年，大饑，倡設粥廠於南郊，多所全活。子令昭，見文
　　　　苑傳。朱彤錄選。〔註74〕

就筆者所見兩志「一行傳」所載以孝行、義行居多，確可起振頹興淳之效，
於志書之中，顯其可貴。

四、糾繆補闕

　　所謂糾繆即是利用舊志資料改正往昔之不正確或錯誤；對經常苦於資料

〔註68〕同註 148，頁 308
〔註69〕同註 153，卷 14，頁 518。
〔註70〕同註 153，卷 14，頁 863。
〔註71〕同註 153，卷 14，頁 1125。
〔註72〕同註 158，頁 650。
〔註73〕同註 153，卷 41，頁 1130。
〔註74〕同註 158，頁 652。

缺乏或不全者而言，往往可由舊志中獲得補闕。《續修四庫全書提要》對乾隆
《歷城縣志》評論：

> 他若辯證葉志以齊爲濟，以扶風平陵爲東阿平陵之非，更據實
> 錄金石及各地通志詳加核覈。如明王允爲正統二年進士，官至布政
> 使，以訂葉志之訛，亦足顯其鉤稽之功，蓋全書雖本葉志，而詳核
> 則遠過之，所謂青取之於藍而青於藍者，其自序云，訂誤者十之三，
> 補闕者十之五，良非侈辭也。〔註75〕

《歷城縣志》在舊志基礎上，詳加核實備盡，訂前志之非，補前志之闕，超
越前志，由此可見透過新方志資料對舊志訂誤補闕，功不可沒。如《諸城縣
志・山川考》：

> 按水經注，濰水北過平昌城東，荊水入之，又北浯水入之。是
> 先納荊，後納浯矣。不知荊水在長千溝西北二十里外已入浯水，東
> 北合流，未嘗自達於濰。道元誤以長千溝作荊水耳。又曰：浯水逕
> 平昌縣故城北古堨，此水以溢溉田，南注荊水，亦指葛岡南掘通之
> 渠。其云：南注荊水，即指今之長千溝也。一誤皆誤矣。〔註76〕

前者已誤，後者亦未考證而承之，則實情將不見天日，亦可見後志編撰對前
志缺誤核證，實爲重要，不可不愼。李文藻所撰兩志在此點上，實可爲志書
之表率。

〔註75〕同註140，史部，頁1920。
〔註76〕同註153，卷6，頁241。

第六章　李文藻保存地方文獻之價值

第一節　李文藻刊刻《山左明詩鈔》

　　本文第四章李文藻藏書源流與散佚第三節藏書保存、整理與利用第三項利用第二點刻書一節中，提及李文藻嗜書如命，不遺餘力到處搜訪，並為之刊行。凡鄉里先人有詩文可傳者，必「撰次而表章」或「訪其遺書刊行之」，如德州宋弼、盧見曾選《山左明詩鈔》，文藻為其搜羅詩人數十家、詩數百首，最後刊刻梓行。

　　依據 2006 年出版之《山東文獻集成》第一輯〔註1〕內容，其中收錄影印明、清兩代山東詩人作品，計有乾隆間宋弼輯《山左明詩鈔》三十五卷，乾隆三十六年李文藻刻印，收明代山東詩人 431 家、盧見曾輯刻《國朝山左詩鈔》六十卷，收入清初山東詩人 620 餘家的詩作、張鵬展輯刻《國朝山左詩續鈔》三十二卷《補鈔》四卷，上繼盧氏，收山東詩人 747 家的詩作、道光間余正酉又輯刻《國朝山左詩滙鈔後集》三十九卷，收入山東詩人 389 家的詩作。合計以上四種，共得近五百年間山東詩人 2187 家，每人都系有小傳。其中絕大部分人物沒有別集傳世，其姓名亦不見經傳，因此這四種前後蟬連的地方詩歌總集，是極為珍貴的文獻資料，對研究山東古代文學史、古代歷史，乃至整個中國古代文學史、古代歷史，都堪稱資料淵藪。《山東文獻集成》第一輯將四種總集配齊影印，有着不同尋常的學術意義。

〔註1〕　山東文獻集成編纂委員會編纂：《山東文獻集成第一輯》，濟南市：山東大學，
　　　　　2006 年。

　　《山左明詩鈔》爲宋弼所輯，然其成書，至得以刊刻傳於後世之功，非李文藻莫屬，李文藻序《山左明詩鈔》說明成書刊刻經過，以及對宋弼之追憶景仰，茲錄於下：

　　　　山左明詩鈔三十五卷，德州宋仲良先生之輯也。先是其州人兩淮鹽運使盧君，屬先生選國朝山東人詩，成六十卷，刻於戊寅己卯間，因而遂徵山東明人詩。先生時長濼源書院，郡縣之□□學者，使各搜討其所知，而予所購得者，蓋數十種。後先生入京，逢人求索，有得即手自謄寫，無寒暑游晏之間。歲癸末，盧君致仕歸里，先生以全稿畀盧。予適授徒德州，趣盧付之梓，而盧以所輯未備爲辭，及先生由贊善出爲鞏秦階道，予又購寄葉廷秀、李主中輩十數人詩，且以書與先生論工乘錄終於明季，及董樵、張爾岐諸人詩，皆宜移入此集，而未得先生答書。戊子秋，盧君得罪籍家，而先生以甘肅按察使入覲道，卒洛陽。予恐此書之遂湮也。己丑正月走德州，徙州官求買此書，入官者數萬卷，吏爲檢三日，得明詩選凡三本。一爲路中允斯道本，一爲惠文學棟本。路惟鈔撮十郡志乘，惠所錄僅數十家，皆未成卷帙，其一即此本。襃然三十五卷，作者四百三十一人，中間評點，先手蹟也。惟小傳一冊失去。越數日，先生柩至自洛陽，予迎哭已，啓笈得小傳，則先生所手錄也。是秋，予謁廣東恩平令，攜以行。庚辰夏到官，其冬政稍暇，校而梓之，頗有疑緒未曉之處，又或有傳無詩。先生既往，無從質正，不敢遽有增改，僅完其爲先生之書而已。新城王文簡，嘗欲輯海右五十家詩，而弗果。先生此集之成，豈偶然哉。予郡先達，正德嘉靖間有海岱吟社一集。僅存寫本，予嘗以奉先生，先生方食，輒輟□讀，命酒豪吟，十二卷立盡其半。其於先文，誠篤好而深嗜之，天性然也。登萊青三郡寄選詩，其草稿多付予收藏，今尚盈麓。此集刻於恩平，明年署新安，乃獲竣事，而先生不及見矣。乾隆辛卯冬十一月。益都李文藻序。〔註2〕

由序文可知李文藻爲此書之集成蒐羅相當多之資料，貢獻良多，且對此書梓行刊刻之關切，表露無遺，然世事難料，人事無常，此詩鈔差點湮沒不見天日，幸賴李文藻之奔走搶救刊刻，使得明代山東詩人與作品，可續以流傳，

〔註2〕　同註105，頁441。

為後代學者欲研究山東文獻留下珍貴資料。

　　專以收錄明代山東詩人作品僅此一部，更顯其重要性，筆者對收集明代詩人的重要兩部著作朱彝尊之《明詩綜》〔註3〕與錢謙益《列朝詩集》〔註4〕作一比較，以明李文藻刊刻《山左明詩鈔》，保存山左文獻之功。

　　經統計《明詩綜》共收錄明朝詩人 3400 餘人，所收山東詩人計 42 人，與《山左明詩鈔》相同者 37 人；《列朝詩集》共收明朝詩人 1199 人，所收山東詩人計 34 人，與《山左明詩鈔》相同者 29 人；《明詩綜》與《列朝詩集》所收山東詩人中共同者計 21 人，其詳如下附表八：

《明詩綜》所錄山東詩人（與《山左明詩鈔》所錄相同者打※）		《列朝詩集》所錄山東詩人（與《山左明詩鈔》所錄相同者打※）		《明詩綜》與《列朝詩集》所收山左詩人相同者
牛諒	※	黃肅		牛諒
王偁		牛諒	※	張紳
張紳	※	張紳	※	王偁
劉玨	※	王偁		邊貢
邊貢	※	毛紀	※	劉天民
劉天民	※	王清	※	李開先
李開先	※	邊貢	※	蘇濂
周顯宗	※	劉天民	※	蘇澹
欒尚約	※	李開先	※	馮惟健
馮惟健	※	袁崇冕		馮惟敏
馮惟敏	※	蘇祐	※	馮惟訥
馮惟訥	※	蘇濂	※	李攀龍
蘇濂	※	蘇澹	※	謝榛
蘇澹	※	馮惟健	※	李先芳
蘇潢	※	馮惟敏	※	許邦才
公鼐	※	馮惟訥	※	戚繼光
王象晉	※	谷繼宗	※	于慎行

〔註3〕　〔清〕朱彝尊編，《明詩綜一百卷》（臺北市：臺灣商務印書館，1983 年，《景印文淵閣四庫全書》，據國立故宮博物院藏本影印），第 1460 冊。
〔註4〕　〔清〕錢謙益輯，《列朝詩集八十一卷》（上海市：上海古籍出版社，2002 年，《續修四庫全書‧集部‧總集類》），第 1624 冊。

王象艮	※	方元煥	※	邢侗
公鼐	※	郭本	※	王象春
李攀龍	※	謝榛	※	劉爾牧
謝榛	※	李先芳	※	于太夫人劉氏（于慎行）
李先芳	※	李同芳	※	計 21 人
許邦才	※	李攀龍	※	
戚繼光	※	許邦才	※	
邊習	※	劉爾牧	※	
于慎行	※	崔子忠		
邢侗	※	戚繼光	※	
張敬	※	于慎行	※	
于若瀛	※	馮琦	※	
高出	※	傅光宅		
王象春	※	邢侗	※	
黃宗昌	※	王象春	※	
姜垛	※	于太夫人劉氏（于慎行）※		
姜垓	※	邢氏慈靜（邢侗妹）		
王與允				
王士和	※			
左懋第	※			
趙士喆				
董樵				
單縣老父（無名子）				
劉爾牧	※			
于太夫人劉氏	※			
收錄山左詩人計 42 人		收錄山左詩人計 34 人		
與《山左明詩鈔》收錄相同者計 37 人		與《山左明詩鈔》收錄相同者計 29 人		

　　《山左明詩鈔》共收錄山左詩人 432 人，收詩 3637 首。其體例全仿朱彝尊之《明詩綜》。其去取之間，則謹守王士禎之門徑，纖毫不肯異同也。錄一、二首之小家達 287 人，佔所錄詩人 66.58%，僅錄十首以下者達 347 人，佔總人數 80%。

山左明詩鈔詩人、詩作數量資料統計，詳如附表九：

詩　數　量　統　計				詩　人　人　數　統　計		
分　類	人　數	數　量	累　計	卷　數	人　數	累　計
1 首	141	141	141	一	16	16
2 首	73	146	287	二	18	34
3 首	31	93	380	三	1	35
4 首	27	108	488	四	22	57
5 首	17	85	573	五	5	62
6 首	18	108	681	六	21	83
7 首	15	105	786	七	4	87
8 首	9	72	858	八	3	90
9 首	10	90	948	九	15	105
10 首	6	60	1008	十	14	119
11 首	5	55	1063	十一	16	135
12 首	4	48	1111	十二	7	142
13 首	6	78	1189	十三	6	148
14 首	1	14	1203	十四	2	150
15 首	3	45	1248	十五	5	155
16 首	4	64	1312	十六	2	157
17 首	4	68	1380	十七	1	158
18 首	6	108	1488	十八	2	160
19 首	2	38	1526	十九	33	193
20 首	3	60	1586	二十	21	214
21 首	3	63	1649	二十一	18	232
23 首	2	46	1695	二十二	2	234
24 首	2	48	1743	二十三	18	252
25 首	2	50	1793	二十四	13	265
27 首	1	27	1820	二十五	8	273
28 首	1	28	1848	二十六	9	282
31 首	5	155	2003	二十七	14	296
32 首	2	64	2067	二十八	9	305

33首	3	99	2166	二十九	17	322
34首	1	34	2200	三十	39	361
36首	1	36	2236	三十一	16	377
38首	2	76	2312	三十二	13	390
40首	1	40	2352	三十三	5	395
41首	1	41	2393	三十四	5	400
43首	1	43	2436	三十五	32	432
45首	1	45	2481			
46首	2	92	2573			
48首	1	48	2621			
52首	1	52	2673			
53首	1	53	2726			
54首	1	54	2780			
55首	1	55	2835			
58首	1	58	2893			
59首	1	59	2952			
62首	2	124	3076			
81首	1	81	3157			
86首	1	86	3243			
88首	1	88	3331			
90首	1	90	3421			
96首	1	96	3517			
120首	1	120	3637			
錄一首者 141 人 僅錄十首以下者達 347 人 佔總人數 80%		含缺詩 44 首				

　　《山左明詩鈔》收錄時代自洪武至崇禎歷朝作者大致網羅無遺，其意在或因詩而存其人，或因人而存其詩，而不在作者是否為有成就的詩人。經查所蒐羅選錄詩人卷一至卷三十四按時代先後編入詩家作品多為進士、舉人、貢生、太學生、布衣等，卷三十五輯錄宗室、僧者及閨秀詩人 4 位。入選諸家均作有小傳，有僅錄字號、地方人氏及科舉官名，亦有明史、山東通志、縣志、詩選等述其事蹟始末。茲各錄一例以明之，如《山左明詩鈔》卷一，

牛諒小傳：

> **牛諒七首**
>
> 　　諒字士良，東平人。洪武初舉秀才，爲翰林典簿，官至禮部尚
> 書，所著有尚友齋集。《明史》本傳諒使安南還，稱旨三遷，至禮部
> 尚書。承崔亮之後，定釋奠及大祀分獻禮，又與詹同答、祿與權等
> 議省牲、冠、服，及祀三皇，歷代帝王祀典多見施行。著述甚多，
> 爲世傳誦。《明詩統》諒資性過人，才高學博，爲文千言，滾滾不見
> 艱澀。初游吳、楚，文多激慨；中更離亂去，居深山中，授經爲養，
> 文多隱約。明興應詔，起凡稽古禮文皆出其論定，詩文盛傳於世。《明
> 詩綜》詩話尚書流寓吳興時，過攜李與、鮑仲孚、邱克莊輩集景德
> 寺，攜酒賦詩；其在南京則與唐楚敬、林孟善諸人會飲聯句，及同
> 張志道使安南，志道賦長句以贈，有云：喜清詩慰遐暮，蓋當日風
> 雅之林，每屈一指，不徒以功名顯也。又在元時中甲午，大魁亦見
> 志道詩句。〔註5〕

又《山左明詩鈔》卷一，王子魯小傳：

> **王子魯六首**
>
> 　　子魯自號笙鶴道人，高唐人。洪武中，以明經行，修官河開教
> 授。州故有八景，暇日各爲一詩詠之。存六。〔註6〕

《山左明詩鈔》卷一，封術小傳：

> **封術一首**
>
> 　　術，歷城人。永樂癸卯舉人，官胙城教諭。〔註7〕

山左詩人分布最多的區域是掖縣，其次是濮州、歷城、即墨、德州、萊陽、
益都、淄川、新城、章邱、東阿、濟寧，其他不一一列舉。上述地區在當時
皆是在歷史、經濟上較爲發達之所，產生較多詩人大體上反映了學術文化與
地區之間歷史、經濟的關係。

　　《山左明詩鈔》中出現十位以上詩人之地區統計表（按人數多寡排列），
如附表十：

〔註5〕　同註105，頁40-450。
〔註6〕　同註105，頁40-452。
〔註7〕　同註105，頁40-453。

地　區	人　數
掖縣	23 人
濮州	21 人
歷城	20 人
即墨	20 人
德州	18 人
萊陽	16 人
益都	15 人
淄川	15 人
新城	15 人
章邱	13 人
東阿	11 人
濟寧	10 人
共計有 12 個地區，197 位詩人，佔全部 431 位詩人的 45%。	

　　李文藻參與《山左明詩鈔》明代詩人資料的搜集，最後校對付梓，使此集不致失佚而得以流傳，保存山左明代詩人詩作珍貴遺產，李文藻實爲最大功臣，特闢此節簡要論述以顯揚。

第二節　李文藻《嶺南詩集》中之嶺南風土民情

　　李文藻一生寫下了大量的詩篇，有《嶺南詩集》8 卷，共收詩歌 571 首，其師錢大昕爲其詩集作序，盛讚其詩：

　　　　讀之似近而遠，似質而雅，似淺而深，中有所得而不徇乎流俗之嗜好此，非有不平而鳴者也。此不言窮而工者也，此眞合乎古詩人之性情而必傳之詩也。〔註8〕

論其詩作自然流瀉，非有矯揉做作媚俗之氣。由於李文藻任官「親民爲職」，關心民生，足跡遍及嶺南，因此詩作內容非常廣泛，其中充滿了嶺南地區風土民情，舉凡地形氣候、物產經濟、歷史人文古蹟等，也保留珍貴的文獻資料。茲整理如下。

〔註8〕同註 51，頁 2。

一、嶺南氣候

　　中國南方五嶺之南地區，即今廣東、廣西、海南全境，以及湖南、江西等省部分地區。其氣候型態具有熱帶、亞熱帶季風海洋性氣候，高溫多雨、日照時間較長、夏長多短，終年不見霜雪等特點，鄰海區域於夏秋之交甚有颶風（即本地所稱颱風）襲擊。

（一）多　雨

　　在李文藻《嶺南詩集》中，對嶺南地區多雨現象入詩篇幅頗多，如《嶺南詩集・潮陽集卷第一・開船二首之一》：

> 羊城兩月雨如麻，逐隊衝泥謁大牙。自悔開船遲十日，江邊落盡木棉花。〔註9〕

「兩月雨如麻」所謂淫雨不斷，不僅使用譬喻形容，更有著久雨鬱抑令人頭皮發麻之嘆。又如《嶺南詩集・潮陽集卷第三・惠來道中大水》：

> 十日雨淒淒，行人悵路迷。山窮橋柱斷，水漲樹梢低。雞犬登茅屋，魚蝦滿稻畦。扁舟那可得，無處不成溪。〔註10〕

此詩不僅顯示嶺南多雨，且雨量豐沛時受災害之威脅，「山窮橋柱斷，水漲樹梢低。雞犬登茅屋，魚蝦滿稻畦。」這情景頗令筆者深有感觸，在臺灣近幾年自然災害中稍有大雨即傳有土石流、山洪爆發、屋毀人亡之慘痛影像，在詩人溫柔敦厚地抒發僅是橋墩斷了，水快淹至樹梢，怎樹似矮了，雞犬猶知逃命登上屋頂避難，四句道盡多雨帶來水患及咀嚼詩文想像洪水退之後，民眾茫然面臨殘破家園、農作受損的哀思。

（二）高溫潮溼

　　南方氣候多炎熱潮濕，《嶺南詩集・桂林集卷第四・鄧謙持書至》：

> 一年強半在炎蒸，簿領如山困不勝。作吏重貪新墨綬，著書已負舊青鐙。清風朗月思元度，渭樹江雲感少陵。萬里開緘見顏色，塵中忽對玉壺冰。〔註11〕

又《嶺南詩集・恩平集・奉寄座主錢辛楣先生四首之二》：

> 水蠱防朝食，蠧書奪夜眠。經時對淫雨，九月尚炎天。跡與徒

〔註9〕　同註51，頁11。
〔註10〕　同註51，頁34。
〔註11〕　同註51，頁13。

隸近，世無文字緣。上官須善事，三復贈行篇。〔註12〕

「一年強半在炎蒸」、「經時對淫雨，九月尚炎天。」南方氣候幾終年高溫，加上多雨，造就林相繁多茂盛，是而多有瘴癘之氣，引人病亡。李文藻為官秉其師訓「親民為職」，勤走地方關心人民生活，也由於長年累月奔走於崇山峻嶺之間，染上瘴氣，背上長了膿瘤，《嶺南詩集・桂林集卷第四・病中示小岑》：

> 十年不騎馬，猥生上馬癰。未決金在冶，方潰水泄庸。□茶不舉體，肉鑠隨流膿。一月委牀蓐，寒熱交渺躬。昨日君在眄，引坐褌褥中。診我左右手，問我創何從。炎天犯毒瘴，單輿走賓邕。所見多赫然，層累京觀同。長路日作惡，戾氣堆心胸……。〔註13〕

「炎天犯毒瘴」、「戾氣堆心胸」使李文藻壯年撒手人寰，一生著述、藏書散佚，斯是痛哉。

（三）多颶風

嶺南屬東亞季風氣候區南部，具有熱帶、亞熱帶季風海洋性氣候特點，嶺南的大部分屬亞熱帶時運季風氣候，雷州半島一帶，海南島和南海諸島屬熱帶氣候。於夏、秋之際，常有颶風襲擊，造成經濟、人民生活上之損失，此在李文藻詩中亦可見其記載。《嶺南詩集・恩平集・抵任新安》：

> 暫綰新安印，東官更向東。安衙山色裏，為市海潮中。地瘠憑膏雨，房低畏颶風。秋來魚信少，甚念此邦窮。〔註14〕

李文藻移官新安縣，此地靠海，因受颶風威脅，此地人民之房舍多為低矮建築，以減少颶風來臨之損害。又《嶺南詩集・潮陽集卷第三・丙申元日》：

> 嶺南冬盡如初秋，淫霖晝夜飄不休。天為新歲兆豐稔，千重霾霧崇朝收。海邑同官五更集，呼嵩九拜歡鈴騶。日出榑桑爛異采，東方占候符滿籌。忽憶去年大風作，聲來屬似千虎彪。拔木仆屋在頃刻，郡城先發當上游。我潮居民差安帖，港口擊碎萬斛舟。記是六月日丁亥，丁酉江溢浹田疇。颶母波臣相表裏，揭陽普寧屍如邱。潮有巨瀆不畏漲，尾閭之量容千流。田廬婦子竟無恙，神功浩浩安可酬。不論何神與何吏，張弛莫與民為仇。譬如守吏有賞罰，稍乖

〔註12〕 同註51，頁7。
〔註13〕 同註51，頁61。
〔註14〕 同註51，頁10。

人性羣相尤。十風五雨古有例，豈假喜怒憑陽侯。政拙惟乞天公助，

今年氣象迥不侔。文武相揖歸官寺，屠蘇一琖夫何求。〔註15〕

此詩載颶風來襲時的驚人情形，有別於史書上條列式般的單純記錄事件，詩
中描述了風勢大小，其聲「屬似千虎彪」，其勢「拔木仆屋」、「港口擊碎萬斛
舟」，宛如實錄直擊的鏡頭，歷歷在目。尤其在沿海地區，飽受風雨凌虐，還
得加上海水倒灌之雙重打擊；此詩亦記載此次風災，傷亡人數是「屍如邱」，
於史料之外，留下鮮明生動地方文獻資料。

二、嶺南地理風光

　　嶺南地貌因在歷次地殼運動中，受褶皺、斷裂和岩漿活動的影響，形成
了山地、丘陵、台地、平原交錯，且山地較多，岩石性質差別較大，地貌類
型複雜多樣的特點。嶺南河流眾多，具有流量大，含沙量少，汛期長，徑流
量豐富等特點，這些河流絕大多數源自西北部、北部和東部的崇山峻嶺中。

（一）嶺南景色縮影——羅浮

　　嶺南自然風光婀娜多姿，既有氣勢磅礴的山巒，也有水網縱橫的平原；
既有岩溶洞穴，也有川峽險灘的奇景，更有海天一色的港灣風光。廣東名山
中，明末清初的嶺南著名詩人屈大均〔註16〕最爲欣賞的是羅浮山，曾在隱居
處大書「南嶽草堂」。《嶺南詩集・恩平集・望羅浮》：

四百餘峯列碧空，儦衣處處舞東風。孤帆三日惠州路，都在羅

浮山色中。〔註17〕

又《嶺南詩集・潮陽集卷第二・望羅浮二首》：

〔註15〕〔清〕李文藻撰：《嶺南詩集》（上海：上海古籍出版社，1998 年，《續修四庫
　　　　全書・集部・別集類》，據清乾隆刻本影印），第 1994 冊，頁 30～31。

〔註16〕屈大均（1630 年～1696 年），字翁山、介子，號萊圃。廣東番禺（今廣州番禺
　　　　區）人。明末清初著名學者、詩人，是「嶺南三大家」之第一。有「廣東徐霞
　　　　客」的美稱。康熙二十二年（1683 年）鄭克塽降清，屈大均由南京攜家歸番禺，
　　　　終不復出，著述講學，移志於對廣東文獻、方物、掌故的收集編纂。康熙三十
　　　　五年（1696 年）病逝，年六十七。與陳恭尹、梁佩蘭稱「嶺南三大家」，詩有
　　　　李白、屈原的遺風。屈大均的著作被清朝到爲禁書，多毀於雍正、乾隆兩朝，
　　　　後人輯有《翁山詩外》、《翁山文外》、《翁山易外》、《廣東新語》及《四朝成仁
　　　　錄》，合稱「屈沱五書」。資料來自維基百科，網址 http://zh.wikipedia.org/zh-hant/。

〔註17〕〔清〕李文藻撰：《嶺南詩集》（上海：上海古籍出版社，1998 年，《續修四庫
　　　　全書・集部・別集類》，據清乾隆刻本影印），第 1994 冊，頁 11。

　　　　驟雨忽開霽，輕雲不遮山。羅浮四百峯，奔赴船窗問。略似渡
汶水，仰見天孫顏。天孫正襟坐，此乃低鴉鬟。色辨樹蓊鬱，聲聞
泉崢潺。重疊一氣青，中有列僊班。我欲訪丹竈，餂鼎咽九還。身
騎大蝴蝶，翱翔排天關。所恐守閽人，笑我骨相屑。抑之不得上，
墮落仍塵寰。

　　　　蕭銘與高頌，華藻擅疇囊。後來白鶴僊，日日載筆往。磨刻滿
山骨，呵護神所掌。人跡既稀至，法物委榛莽。愛古翁學士，遇碑
技能癢。十過茲山麓，未試遊山杖。著錄竟多遺，摩挲空夢想。國
家盛右文，金薤愜宸賞。方續夾漈志，宣取及交廣。石室二李蹟，
訶林千佛像。椎拓貢史局，勝珠玉犀象。此山富翠墨，珊瑚應入網。
我生有癖好，惜非所治壤。致聲博羅尹，幽巖試親上。文字吾輩事，
莫遂困塵鞅。〔註18〕

從上述三首詩中可約略感受到嶺南地形，「四百餘峯列碧空」年輕造山運動
下，或石灰岩地形的特殊山巒，「孤帆三日惠州路，都在羅浮山色中。」水流
曲折迴繞；名山總有文人作品、古刹之遺蹟，「石室二李蹟，訶林千佛像。」
自然吸引著愛好金石椎拓的李文藻造訪尋蹟一番。

（二）峽灣、曲流、湍灘

《嶺南詩集・恩平集・橫石磯》云：

　　　　鎮日行危峽，茲磯亦曲阿。山深邨舍少，帆疾驛亭多。大廟鄰
神女，嚴城憶尉佗。前賢泊舟地漁洋有黃石磯夜雨詩即橫石磯，惆悵一
經過。〔註19〕

又《嶺南詩集・潮陽集卷第一・自海陽赴大埔舟中作三首之一》：

　　　　河水屈曲來，舟行常面山。轉處忽不覺，依然山圍環。折多水
彌溜，石鱗露急湍。頗似章江中，一舟十夫牽。有客能緩行，愛此
山清妍。松毛鋪絕壁，蕉竹相沿緣。山鳥鳴一聲，山月出娟娟。漁
歌荅牧唱，遙指烟樹閒。〔註20〕

〔註18〕〔清〕李文藻撰：《嶺南詩集》（上海：上海古籍出版社，1998 年，《續修四庫
　　　　全書・集部・別集類》，據清乾隆刻本影印），第 1994 冊，頁 21～22
〔註19〕同註 51，頁 5。
〔註20〕同註 51，頁 12。

嶺南地形多變，景色每在轉彎處皆有令人心喜之之感，也因此地有激流湍灘，形成少見的一門行業——牽夫。

三、嶺南物產與經濟

廣州地處亞熱帶，熱帶、亞熱帶水果品種繁多，一年四季都有鮮果上市，故有「水果之鄉」的盛譽。嶺南的水果品種有 500 多種，其中以荔枝、香蕉、木瓜、鳳梨分布最廣，產量最多，質量最好，被譽為嶺南四大名果。此外，還有芒果、楊桃、石榴、龍眼等。茲從詩集中篩錄幾首以明之。

（一）荔　枝

《嶺南詩集・潮陽集卷第三・端午招孫稼軒張葯房馮耒堂小集大佛寺遂遊六榕光孝二寺四首一》：

> 荔枝熟日是端陽，飽啖今年又幾場。眼見傀人絳襦脫，角弓不
> 要粉團嘗。〔註 21〕

（二）香　蕉

嶺南地區之水果與臺灣多相似，然嶺南之蕉種應多過臺灣，請看《嶺南詩集・潮陽集卷第一・水蕉花》：

> 我渡鳳河乘早潮，航頭照眼開水蕉。碧葉相當箭盈尺，白英競
> 立冰霜標。六出纖長玉綺旎，七鬐殷紫烟飄飀。就中蓓蕾尤美絕，
> 瓊簪圓銳頭可搔。到粵已識蕉多種，成林成樹森江皐。實大於拳午
> 充饌，皮漚為布秋裁袍。小者綴階植盆盎，色如腥血形雞翹。世人
> 好色本天性，奉以嘉名同阿嬌。誰意冷妝傲豔質，清風皓月培靈苗。
> 生宜半淡半鹹水，若非海港安得遭。晨榮夕落過炎夏，芝田三秀埋
> 蓬蒿。我見願結素心友，奮筆長句真編茗。歸補南方草本狀，忍令
> 蘭苣專離騷。〔註 22〕

此處李文藻由北方到粵任官，嶺南已認識香蕉多種，此所提水蕉生長在半淡半鹹水處，已是奇特，詩中描繪其蕉葉如箭盈尺，花蕾尤其漂亮，蕉林處處，香蕉可充飢，樹皮纖維可織布裁衣，如同現代所謂之經濟作物，無怪列嶺南四大名果之一。

〔註 21〕同註 51，頁 27。
〔註 22〕同註 51，頁 22。

（三）龍　眼

《嶺南詩集‧潮陽集卷第一‧我憶恩平縣十首之九》：

> 我憶恩平縣，依然巡檢司。城門低首過，皁隸幾人隨。野市堆
> 龍眼，山家曬虎皮。荒涼是淳朴，事事費相思。〔註23〕

（四）甜　橙

廣州果樹栽培歷史可追溯到漢代，史書載，當年漢武帝便向嶺南徵貢「御橘」，三國吳交址太守士燮向孫權進獻的「瑞橘」，指的都是甜橙，而非今日通常講的柑橘。《嶺南詩集‧潮陽集卷第一‧周抑齋惠香橙》：

> 新會橙子熟，衙舍堆黃圍。選以充歲貢，餘者餉上官。我來適
> 逢時，厥包叨分頒。風義重同閭，許我喜食酸。眞雁未口嘗，先認
> 臍閒圈。詎忍操刀割，美液霑指端。潤渴解宿酲，醒困省晝眠。（略）
> 〔註24〕

此處恰能印證嶺南甜橙成爲貢品，進貢朝廷，對於貢品，尋常百姓是無緣品嚐，因李文藻詩中已述明「選以充歲貢，餘者餉上官。」，甜橙滋味何如？「許我喜食酸」，新會甜橙口感偏酸，因此能「潤渴解宿酲，醒困省晝眠。」又《嶺南詩集‧潮陽集卷第一‧簡金式似乞橘子》：

> 四會產佳橘，十人呼曰柑。金君木奴主，所部皆蘇耽。熟時日
> 大嚼，納值徒空談。既不充歲貢，厥包非所諳。販賣走四方，艇裝
> 復肩擔。我昔曾剖食，十指香醃醃。味亞新會橙，少酸而多甘。可
> 以解煩渴，且能祛老痰。氣與風露俱，色貴紅黃參。形貌偃柚弟，
> 品格朱荔男。別此忽一載，羊城重停驂。饞涎不自制，乞寄雙藤籃。
> 蚌珠還合浦，沈香來崖儋。價昂或難致，強索爲貪婪。此物雖與取，
> 非惠亦非貪。兼要和我詩，韻事傳嶺南。〔註25〕

此詩寫的是橘子，詩中稍與新會甜橙做一評比，「味亞新會橙，少酸而多甘。可以解煩渴，且能祛老痰。」口感偏甜，可解渴，並帶點療效。

（五）甘　蔗

甘蔗適合栽種於土壤肥沃、陽光充足、冬夏溫差大的地方。栽種經過灌溉、施肥、除草約十八個月可收成。甘蔗是溫帶和熱帶農作物，是製造蔗糖

〔註23〕同註51，頁15。
〔註24〕同註51，頁14～15。
〔註25〕同註51，頁15。

的原料，且可提煉乙醇作為能源替代品。在《嶺南詩集·潮陽集卷第一·勸農十二首之八》詩中：

> 歲歲相因是蔗田，靈山西下赤寮邊。到冬裝向蘇州賣，定有冰餳一百船。〔註26〕

在本詩中，除了瞭解嶺南物產甘蔗之外，尚可看到嶺南經濟的一環「糖業」發展。冰餳即是甘蔗加工後所做成的糖，且以船運到江南富庶之地蘇州販賣。一百船可見需求量大，當時沿海地區海運發達，足見甘蔗在當時嶺南經濟上扮演重要角色。

（六）鹽

筆者在整理李文藻所作《嶺南詩集》中注意到有關民生必需品中佔重要地位的鹽，及搜尋資料時在 2011 年 3 月 28 日星期一汕頭特區晚報刊載彭妙豔《清人筆下潮州鹽民生活》（刊載於汕頭經濟特區報社大華網 http://www.step.com.cn/html/2011-03/28/content_197681.htm）一文，茲整理補強，重現嶺南鹽業情形。《嶺南詩集·潮陽集卷第一·到潮陽任五首之五》：

> 某畦堯埆少甘泉，潮水成鹽不用煎。曬戶要晴農要雨，作天莫作海濱天。〔註27〕

嶺南鹽業屬海鹽，依藉日照及風把水分蒸發，便可得到鹽的結晶，這就是天日曬鹽，多見於雨水較少、氣候乾燥的地方。詩中「潮水成鹽不用煎」、「曬戶要晴農要雨」即說明鹽戶的祈求。又《嶺南詩集·潮陽集卷第一·勸農十二首之十》：

> 三農山澤連平地，畊牧漁樵本可兼。莫作曬丁輕犯法，一家老少賣私鹽。〔註28〕

如同詩中所述「莫作曬丁輕犯法，一家老少賣私鹽。」鹽業在清代是政府重要財政的來源，人民何以要賣私鹽犯法，不就是為了生活、生存，人民何以生存不下去，其實來自官府的剝削與壓迫所致，大陸彭妙豔發表之〈清人筆下潮州鹽民生活〉一文中抄錄一首李文藻詩一首：

> 赤日翻海潮，兩腿刑遭醃。耙掃霜雪潔，簸弄爪甲咸。錙銖上官倉，空于歸茅檐。百室無贏米，百身無完衫。妻號兒女啼，嗷嗷

〔註26〕　同註51，頁 16～17。
〔註27〕　同註51，頁 17。
〔註28〕　同前註。

不可堪。白薯盜升斗，坐法流滇黔。

按：筆者檢視李文藻《嶺南詩集》及其他著述，未見此詩。

是首反應鹽民工作、收入及被剝削的情形，亦是李文藻爲政上，不與人同流合污，不漠視民間疾苦，秉持良知，反映社會現實。相較於史書條列式生硬的記載，詩文作品在許多時候，較之歷史作品更加具有認識價值，在於它的眞實、它的形象，也是李文藻在歷史文獻上的貢獻。

第七章　結　論

　　李文藻一生嗜書、讀書、藏書、刻書，爲學無所不取，博通經史，尤在金石、方志、目錄之學，著書甚富，並專擅詩文，藏書爲樂，然李文藻爲官親民盡職勞瘁，又染癘早逝，著述成書傳之於世者少矣。

　　其師錢大昕對文藻之一生曾有以下評價：

　　　　予嘗戲論南澗有三反：長身多髯，赳赳如千夫長，而胸有萬卷書，一也；生長於北海，官於南海，二也；湛思著書，欲以文學顯，而世稱其政事，三也。嗟呼！以南澗居家之孝友，當官之廉幹，與友之誠信，固已加人一等，乃其所篤嗜者文章也。文人之病，恆在驕與吝，而南澗獨否，使其得志，必能使古之文士，有以永其傳。今之文士，不致失其所，而竟不遂，此吾所以爲斯世惜也。〔註1〕

人生三反，不相稱也，身形粗獷，卻是詩書飽腹；遠離北方家鄉，爲官嶺南之地；一心欲以文學爲職志，世人稱頌青天大老爺。而錢大昕更以「孝、廉、信」三字做爲李文藻一生之總結，並嘆惜文藻之早逝，爲文壇之損失。

　　李文藻生平篤於友誼，廣交游，所謂志同道合、志趣相投，從其交流及師友專擅在藏書、小學校勘、金石、詩文等可見一般。除了文藻自身喜好、專注，也來自於師友之間無私交會影響，更可見乾嘉時期學術風氣之鼎盛。

　　通過以上研究，筆者認爲李文藻在文獻學上之貢獻有三。

〔註1〕　同註14，頁428～430。

一、藏書部分

對於李文藻之藏書，王獻唐曾下了一個完整而精確評論：

> 綜觀南澗生平，有可紀述四事：一曰藏書，二曰讀書，三曰刻書，四曰著書。藏書而不能研讀，如不藏等。讀書而不能流通，但供一己之受用，與人群何豫？刻書而無學識以濟之，則斠校不精，鑒別不明。故善藏書者，必能讀書；善讀書者必能刻書；善刻者，必能著書。以自身求書之不易，推及他人，故能藏者必能刻。以自身探討之心得，啟示他人，故能讀者必能著。南澗有四者兼備之長，抱利己利他之願，求諸歷代藏書家中，實為少觀。同時在山左一隅，堪與南澗相伯仲者，只一歷城周林汲耳！今兩家藏書，已散佚殆盡，無人肯為收拾網羅，存一時一地之文獻。甚有即南澗一名，亦有不能舉其姓氏者，嗚呼！魯人之負南澗深矣！〔註2〕

從上述的討論，可知李文藻「性好聚書，每入肆，見異書，輒典衣取債致之。」、「罕覯之籍，更向他人借鈔」、「每自加校讎，丹鉛不去手」，辛勤訪購、鈔錄，藏書之富有名於山左，然而隨著李文藻逝世，其藏書隨即散佚，流落各方，時日盛況，宛若灰飛煙滅。今從各藏書志、圖書館書目著錄，及其所遺詩、文集之隻字片語中，想見蒐羅之艱辛，而嘆後人之未能守成；而現在尚能從各類記載爬梳出其藏書之流傳與現況，或是感嘆中尚可稱幸之事。

洪有豐於〈清代藏書家考〉〔註3〕曾謂歷代藏書家之裨助學術，貢獻社會者，有四：「一、讎校鈔藏之專精。二、利便好學之士。三、多自致於深造之學問。四、保留希貴之典冊。」從本文討論中可知，「藏書保存」方面尚不如藏書大家，但李文藻精鈔校，且在藏書之利用及自致學問三方面，確實已做到一定程度。則李文藻藏書於四者居其三，實亦值後人深予探討，多加表揚其藏書保存之貢獻。

二、方志編纂部分

從李文藻所主纂諸城、歷城兩志，可窺見清至乾隆時期國力達于鼎盛。李文藻所撰兩志在藝文和金石等卷成就非凡，均與其注重藏書、考證和金石

〔註2〕 同註121，頁384～385。
〔註3〕 洪有豐，〈清代藏書家考〉，《圖書館學季刊》，1926年1～12月。

研究有關係，故能成爲清代方志名作，並視之爲纂輯派具有代表性志書。李文藻一生「性好聚書。每入肆見異書，典衣取債致。又從朋友借抄，藏弆數萬卷，皆手自讎校，無挽近俚俗之本。」此乃李文藻在《琉璃廠書肆記》自云到北京會試期間買書、抄書之情形，居京數月，謝絕一切交際，「惟借書抄之，暇則步入琉璃廠觀書」，廢寢忘食，或「典衣買之」。李文藻曾把他生平所藏、所見、所聞之書籍編輯成《所藏書目》、《所見書目》、《所聞書目》，對每部書稿均列出作者、版本及內容提要，皆爲李文藻以纂輯方法編修志書奠定了堅實學問基礎和資料基礎。

「康乾盛世」乃方志編修史上最爲鼎盛時期，有關方志理論研究空前活躍。李文藻作爲纂輯派開先學者，所主纂《歷城縣志》和《諸城縣志》中，兼具「地理派」與「歷史派」之長，以纂輯之法編撰志書，錄事必有原，字字有出處，無一句己出，確立方志編纂態度而受推崇，視爲纂輯派編修方志之先驅者，並提出「志與史同」之性質，遵循史法；體例上仿正史紀傳而纂，並以圖、紀、考、錄、志、傳六體統括志書內容，義例嚴明，條分明晰，尤備查考。此外，舉出前志簡略不可取，修志應詳贍，且詳異略同，凸顯地方特色。李文藻基於對金石愛好，體現在志書體裁上，創立金石考，證明學術間相互影響與共生共榮，乾嘉考據之學帶動金石研究風潮，金石研究成果具糾補史料誤闕，促成方志事業蓬勃興盛。方志編修成果得保存故實，使前有所稽，後有所鑒，且對地方執政提供重要資訊。最後，爲裨風教，設立一行傳，獨出舊志之上。綜此，李文藻於方志撰修原則實有獨特之創見。

李文藻不僅讀書、藏書成癖，而且還十分酷愛金石研究，經過多年積累，留下了《泰山金石考》十二卷、《益都金石刻考》四卷、《金石書錄》四卷、《山東元碑錄》一冊、《雲門石碑目》一冊、《堯陵考》四卷等大量金石著作，對其編修志書產生極大助益。惜筆者目前可查考有關李文藻金石資料尚不足以在本篇論文中成章。

通過以上幾個方面的總結，我們可以看到李文藻的方志修撰原則是清代方志學中的先驅，自成一格，對後世影響很大，可惜長期以來沒有引起研究者注意。筆者不揣淺陋，表而出之，以告慰這位清代學者亡靈，並希望能人們能進一步深入發掘他方志學上之精華。

三、保存地方文獻部分

地方文獻是指有關地方之歷史、地理、人文、產業等相關之資料。若依資料內容可分為：古物、古蹟、民俗及有關文物、自然文化景觀、文學、藝術、史料等。〔註4〕

李文藻主動積極負起地方文獻的蒐集、整理與保存之重責大任，以利當地居民、研究學者等為了解及掌握地方相關文獻資源之所需。像對明代山左詩人作品雖非自己所輯，然參與蒐集達數十人作品之譜，且積極催促刊刻，最後奔赴搶救，終能梓行，為明代山左詩人作品留下較完整足跡，不被湮滅。

以明清兩代觀之，選刻山左之詩者，清代猶有三部，而明代則只有宋弼《山左明詩鈔》，幸賴李文藻不憚艱苦輾轉得其稿，刻於恩平，始為流布，其保存地方文獻之功自不待言。

李文藻官赴嶺南，勤政親民，又喜作詩文，於是詩文充滿地方民情風土，自然成為保存地方文獻之最佳寶庫，又不同於史書之枯燥單調的記錄，詩文則充滿作者的情感、真實描繪，反而多些人文浪漫寫實的一面。

綜觀李文藻一生或於學問探求、或於師友往來、或於為官盡職，確有令人敬仰之處，如同詩文不隨俗浮沉，其與師友之間亦是無私交會，論藏書、著述之富，其〈琉璃廠書肆記〉一文開啟後人對書肆的注意與研究；方志成就則推為纂輯體之代表，又於方志中獨創金石考一門，顯見李文藻本身學問紮實又具獨到見解。筆者有幸在近人逐漸認識李文藻之際，撰述此編，希冀於李文藻於文獻上之事功有所啟發，俾逮後學之研究。

〔註4〕 蘇忠計畫主持：〈地方文獻數位化模式及相關標準研究研究報告〉（台灣省政府文化處台灣省公共圖書館資訊網路輔導諮詢委員會編，1999 年 6 月），頁113。

參考書目

壹、古籍文獻（先依四部分類排列，再依出版年代先後）

一、經　部

（一）小學類

1. 《說文解字注》，〔清〕段玉裁撰，臺北，藝文印書館，1966 年 11 月。

二、史　部

（一）地理類

1. 《潮陽縣志》〔清〕周恒重修，張其□纂，臺北市，成文出版社，《中國方志叢書・華南地方》據清光緒十年刊本影印，1966 年。

2. 《新安縣志》〔清〕舒懋官修，王崇熙纂，臺北市，成文出版社，《中國方志叢書》據清嘉慶二十五年刊本影印 1974 年。

3. 《恩平縣志》〔民國〕余丕承等修，桂坫等纂，臺北，成文出版社，《中國方志叢書》據民國二十三年鉛印本影印，1974 年。

4. 《涇縣志序》〔清〕李德瀚修，洪亮吉纂，臺北市，成文出版社，《中國方志叢書》據民國 3 年重印清光緒 12 年重刊清嘉慶 11 年刊本影印，1975 年。

5. 《乾隆諸城縣志》〔清〕李文藻纂，臺北，成文出版社，《中國方志叢書》據清乾隆二十九年刊本影印，1976 年。

6. 《畿輔通志》〔清〕李鴻章，黃彭年纂，石家莊，河北人民版社，1985 年 11 月。

7. 《歷城縣志》〔清〕胡德琳修，李文藻纂，上海市，上海古籍出版社，《續修四庫全書》，山東省圖書館藏清乾隆三十六年刻本影印，1998 年。

8. 《（康熙）清水縣志》〔清〕張桂芳撰，海南省海口市，海南出版社，《故

宮珍本叢刊》據清康熙 26 年刻本影印，2001 年。

9. 《東京夢華錄》，〔宋〕孟元老撰，北京市，商務印書館，2005 年。

（二）政書類

1. 《文獻通考》〔元〕馬端臨撰，北京市，商務印書館，2005 年。

2. 《經義考》，〔清〕朱彝尊撰，北京市，商務印書館，《文津閣四庫全書》，2005 年。

（三）目錄類

1. 《藏書記事詩》〔清〕葉昌熾著，臺北，世界書局，1961 年 3 月。

2. 《續修四庫全書提要》，臺北，臺灣商務印書館，1972 年 3 月。

3. 《合印四庫全書總目提要及四庫未收書目禁燬書目》，〔清〕永瑢等撰，臺北市，臺灣商務印書館，1978 年。

4. 《郡齋讀書志》〔宋〕晁公武撰，臺北市，臺灣商務印書館，1983 年。

5. 《經籍會通》〔明〕胡應麟撰，北京市，北京燕山出版社，1998 年 8 月。

6. 《澹生堂藏書約》〔明〕祁承爜著，北京市，北京燕山出版社，1998 年 8 月。

7. 《藏書記要》〔清〕孫從添著，王嵐點校，北京市，北京燕山出版社，《書目書話叢書》，1998 年 8 月第一版。

8. 《潛研堂金石文跋尾》〔清〕錢大昕撰，上海，江蘇古籍出版社，《歷代碑誌叢書》，1998 年。

9. 《書林清話》〔清〕葉德輝撰，北京市，中華書局，1999 年 9 月第四刷。

10. 《藏書記事詩》〔清〕葉昌熾著，北京市，北京燕山出版社，《書目書話叢書》第三冊 1999 年 12 月。

（四）史評類

1. 《十七史商榷》〔清〕王鳴盛著上海市，上海古籍出版社，《續修四庫全書》據復旦大學圖館藏清乾隆 52 年洞涇草堂刻本影印，1998 年。

三、子　部
（一）醫家類

1. 《新訂本草綱目》〔明〕李時珍撰，臺南市，世一文化事業有限公司，《中醫藥書研究全集：8》，2005 年。

2. 《神農本草經》〔清〕顧觀光輯，臺中市，文興出版社，《中醫臨床經典：16》，2006 年。

（二）術數類

1. 《歷代名畫記》〔唐〕張彥遠，北京市，商務印書館，《文淵閣四庫全書》

2005 年。

（三）雜家類

1. 《郎潛紀聞》〔清〕陳康祺撰，臺北，文海出版社《近代中國史料叢刊》1970 年。

2. 《郎潛紀聞初筆二筆三筆》〔清〕陳康祺，北京市，中華書局，1984 年 3 月。

3. 《少室山房筆叢》〔明〕胡應麟著，北京市，商務印書館，《文津閣四庫全書》2005 年。

4. 《孟學齋日記》，〔清〕李慈銘著，楊州市，廣陵書社，2004 年。

（四）類書類

1. 《太平御覽》，〔宋〕李昉等奉敕撰，臺北市，臺灣商務印書館，1997 年。

（五）小說類

1. 《客座贅語》〔明〕顧起元，南京市，鳳凰出版社，《江蘇地方文獻叢書》2005 年。

四、集　部

（一）別集類

1. 《南澗先生易簀記一卷》，〔清〕李文藻口授，蔣器記，山東，山東省圖書館《山左先喆遺書甲編》，民國二十三年瑞安陳氏褒殷堂校印本，1934 年。

2. 《復初齋文集》，〔清〕翁方綱，臺北，文海出版社，《近代中國史料叢刊》，1966 年 10 月。

3. 《潛研堂文集》，〔清〕錢大昕，臺北，臺灣商務印書館，《四部叢刊初編集部》上海商務印書館縮印嘉業本，1967 年。

4. 《潛研堂詩集》，〔清〕錢大昕，臺北，臺灣商務印書館，《四部叢刊初編集部》上海商務印書館縮印嘉業本，1967 年。

5. 《章氏遺書》〔清〕章學誠，臺北，漢聲出版社，1973 年 1 月。

6. 《南澗遺文二卷附錄一卷補編一卷》，〔清〕李文藻撰，臺北，新文豐出版社《叢書集成續編》丙子十一月蟬隱廬印行，1989 年。

7. 《紀曉嵐文集‧附錄紀曉嵐年譜》，〔清〕紀昀著，孫致中點校，石家莊，河北教育出版社，1991 年 7 月。

8. 《南澗文集》，〔清〕李文藻著，上海，上海古籍出版社，《續修四庫全書》據清光緒刻功順堂叢本影印，1998 年。

9. 《嶺南詩集》，〔清〕李文藻撰，上海，上海古籍出版社，《續修四庫全書，》據清乾隆刻本影印，1998 年。

10. 《林汲山房遺文》，〔清〕周永年撰，上海市，上海古籍出版社，《續修四庫全書》，據北京圖書館藏清抄本影印，1998 年。

11. 《五百四峰堂詩鈔》，〔清〕黎簡撰，廣州，中山大學出版社，2000 年 4 月。

12. 《尊賢居士集》，〔清〕羅有高撰，上海市，上海古籍出版社，《續修四庫全書》據上海圖書館藏清光緒刻本影印，2002 年。

（二）總集類

1. 《海岱會集》〔明〕石禮存撰，馮琦編，上海，上海商務印書館排印本，1933 年。

2. 《明詩綜一百卷》〔清〕朱彝尊編，臺北市，臺灣商務印書館，《景印文淵閣四庫全書》據國立故宮博物院藏本影印，1983 年。

3. 《粵東詩海》，〔清〕溫汝能纂輯，廣州，中山大學，1999 年 8 月。

4. 《列朝詩集八十一卷》〔清〕錢謙益輯，上海市，上海古籍出版社，《續修四庫全書》，2002 年。

5. 《山左明詩鈔》，〔清〕德州宋弼編，山東，山東大學出版社，《山東文獻集成》據山東省圖書館藏清乾隆三十六年益都李文藻廣東刻本，2006 年。

（三）詩文評類

1. 《蒲褐山房詩話》，〔清〕王昶撰，臺北市，廣文出版社，據國立中央圖書館藏清道光 30 年吳縣毛慶手定底稿本影印，1973 年。

2. 《國朝詩人徵略》〔清〕張維屏輯編撰，廣州市，中山大學出版社，2004 年 12 月。

貳、近代著作（依姓氏筆劃排列）

1. 《目錄版本校勘學論集》，王紹曾著，上海，上海古籍出版社，2005 年 1 月。

2. 《山東藏書家史略》，王紹曾，沙嘉孫著，山東，山東大學出版社，1992 年 12 月。

3. 《續修四庫全書提要》，王雲五主持，臺北，臺灣商務印書館，1972 年 3 月。

4. 《清史列傳》，王鍾翰點校，臺北市，中華書局，1962 年。

5. 《山東文獻集成第一輯》，山東文獻集成編纂委員會編纂，濟南市，山東大學，2006 年。

6. 《中國地方志聯合目錄》中國科學院北京天文臺編，北京，中華書局，1985 年 1 月。

7. 《史記會注考證》，日本瀧川龜太郎著，臺北，洪氏出版社，1986 年 9 月。

8. 《金石學》，朱劍心著，上海，上海書店，1920 年。

9. 《中國藏書樓》，任繼渝著，瀋陽，遼寧人民出版社，2001 年 1 月。

10. 《山東通史》，安作璋主編，濟南，山東人民出版社，1994 年 12 月第一版。

11. 《方志學概論》，來新夏著，福建，福建人民出版社，1983 年 8 月。

12. 《中國古代圖書流通史》李瑞良著，上海市，上海人民出版社，2000 年 5 月第 1 版。

13. 《方志學與地方史研究》，林天蔚著，臺北市，南天書局有限公司，1995 年 7 月。

14. 《中國地方志總目提要（中冊）》，金恩輝，胡述兆主編，臺北市，漢美圖書有限公司，1996 年 4 月。

15. 《藏書與文化──古代私家藏書研究》，周少川著，北京，北京師範大學出版社，1999 年 5 月。

16. 《中國文獻學新編》，洪湛侯著，臺北，學生書局，1992 年 9 月初版。

17. 《方志學通論》，倉修良編，北京，方志出版社，2003 年 10 月。

18. 《晦庵書話》，唐弢撰，北京市，三聯書店，1989 年第二版。

19. 《琉璃廠小志》，孫殿起輯，北京，北京古籍出版社，2001 年 2 月第二刷。

20. 《清代臺灣方志研究》，陳捷先著，臺北市，臺灣學生書局，1996 年 8 月初版。

21. 《中國方志學史》，陳光貽著，福州，福建人民出版社，1998 年 9 月。

22. 《中國近三百年學術史》，梁啟超著，臺北市，里仁書局，2002 年 8 月初版三刷。

23. 《校讎廣義典藏編》，程千帆，徐有富著，濟南市，齊魯書社，2005 年 3 月第 4 刷。

24. 《論語集釋》，程樹德撰，北京市，商務印書館，《民國叢書》，2005 年。

25. 《中南、西南地區省、圖書館──館藏古籍稿本提要（附鈔本聯合目錄)》，陽海清主編，武漢，華中理工大學出版社，1978 年 11 月。

26. 《邵二雲（晉涵）先生年譜》，黃雲眉編，臺北市，文海出版社，《近代中國史料叢刊》38 輯，1969 年。

27. 《方志學》，黃葦等著，上海，復旦大學出版社，1993 年 6 月。

28. 《中國文獻學》，張舜徽撰，臺北，木鐸出版社，1983 年 7 月初版。

29. 《清詩紀事乾隆卷》，鄧之誠撰，臺北市，鼎文書局，《歷代詩史長編二十四種》，1971 年。

30. 《宋代藏書家考》，潘美月撰，臺北市，學海出版社印行，1980 年。

31. 《中國文獻學概要》，鄭鶴聲，鄭鶴春著，上海，上海古籍出版社，2001 年。

32. 《清詩紀事（乾隆朝卷）》，錢仲聯主編，南京市，鳳凰出版社，2004 年。

33. 《中國近三百年學術史》，錢穆著，臺北市，臺灣商務印書館，1995 年。

34. 《地方文獻數位化模式及相關標準研究研究報告》，蘇忠計畫主持，台灣省政府文化處台灣省公共圖書館資訊網路輔導諮詢委員會編，1999 年 6 月。

參、期刊論文

1. 〈清代藏書家考〉，洪有豐撰，《圖書館學季刊》，1926 年 1～12 月。

2. 〈中國地方志人物傳記述評〉，蕭馴撰，《歷史月刊》，1997 年 8 月號。。

3. 〈李文藻與他主纂的兩部縣志〉，張景孔撰，《黑龍江史志》第 2 期，2003 年。

4. 〈論《大清一統志》的編修對地方志的影響〉，巴兆祥撰，《寧夏社會科學學報》第 3 期，2004 年 3 月。

5. 〈初論乾隆朝北京城書籍市的分布與貨源——以李文藻〈琉璃廠書肆記〉為中心的探討〉，廖振旺撰，《臺灣大學歷史學報》第 36 期，2006 年 12 月。

肆、網路資料

1. 維基百科，網址 http://zh.wikipedia.org/zh-hant/。

附　錄

李文藻像

書影一 《南澗文集》刻本影本

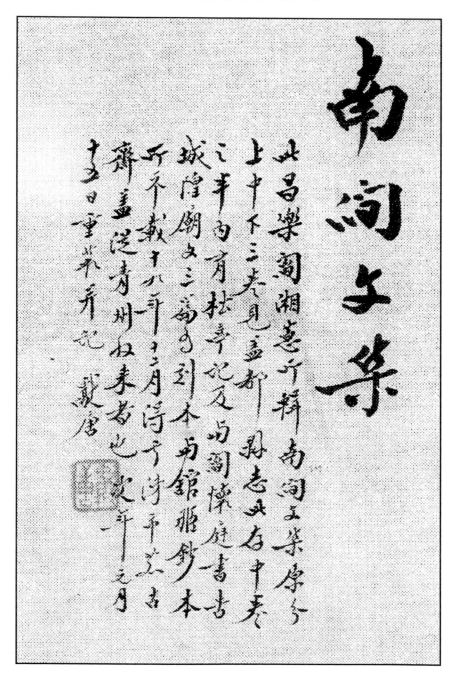

書影二　《南澗文集》刻本影本〈與紀曉嵐先生〉

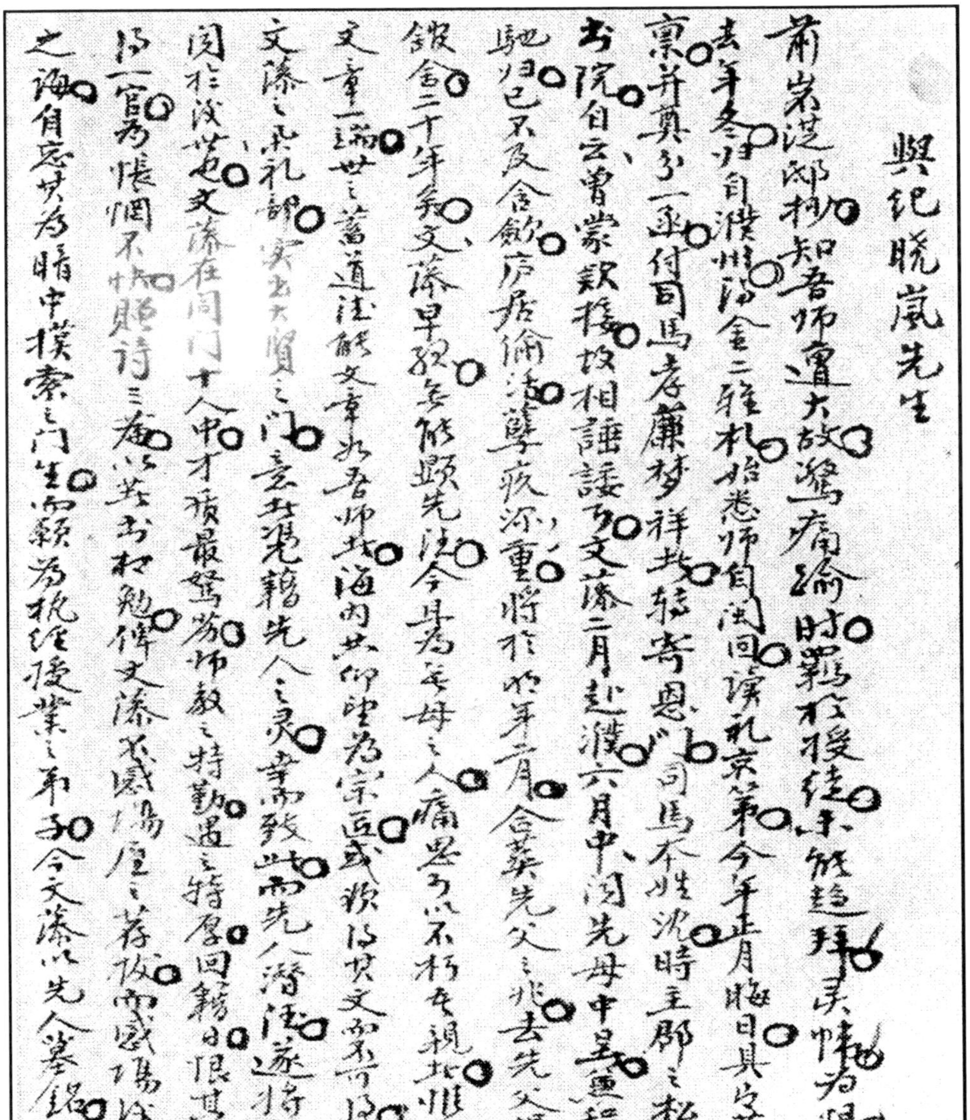

與紀曉嵐先生

前歲從邸抄知吾師遭大故，驚痛踰時，羈於[illegible]役，未能趨拜，悵怏為恨。
去年冬，得自濮州簿金二雅札，始悉吾師自閩回，讀札京第。今年正月晦日，具字
稟并[illegible]一函，付司馬存廉梦祥轉寄，恩司馬不[illegible]沈時主郡之[illegible]
書院，自云曾崇款接，故相誣諉耳。文藻二月赴濮，六月中聞先母中暑，遄程
馳歸，已不及含斂。廬居倫次，孽疚深重，將於明年二月合葬先父之兆。去先父捐
館，今二十年矣。文藻早孤，多能顯先，今具為母之人，痛思所以不朽其親，惟有
文章一端。世之篤道德、能文章如吾師者，海內共仰，望為宗匠。感欲得其文而[illegible]得而
文藻之求，禮部實出大賢之門，言其先輔先人之靈，常而致此，而先人潛德遂將有
聞於後世。文藻在同門十人中，才積最鈍，為師教之特勤，遇之特厚。回籍日恨其不
得一官，為悵惘不知。賦詩三首，以其書相勉，俾文藻不感傷屋之[illegible]，夜而感傷，[illegible]論
之誨，自恨其為暗中摸索之門生，而頗為枕經侵業之弟。今文藻以先人墓銘銜

衰六請戴十師時業為表彰之先父祭於鄉邦年未及下壽〇此性剛直而始文托物實弓〇兩澤見背以來家甲有一美多人為其父將法之報也有一禍即其父將法不宜弓此也〇文藻為一代人必當庶幾片其父為一不恍當逞買家法無恭而為悔弓不乞全畫飾弓爰〇無滿當此欲張揚弓親如又乎半猩乎此明作撐其方於此苦不為悍補二十年〇之闊先父持托此倫而文藻之感思懷捉而以造我文藻日杞芳痛臨舉徬得南〇師之取信於及世猶恐先人全行不足信猩無悯此文藻日杞芳痛臨舉徬得南〇不敢不血之唱也先母志銘即承嘉〇座師俱扰恨月勒石如本為京北〇窗田暴義者偈戴東原先生〇別累必僞名此人先矣狂諫希藉挟服门墻設遵〇不澹陳衰情上凄言臧伏惟惠鑒臨稟羌逆不備〇

書影三　《南澗文集》刻本影本〈與錢曉徵先生〉

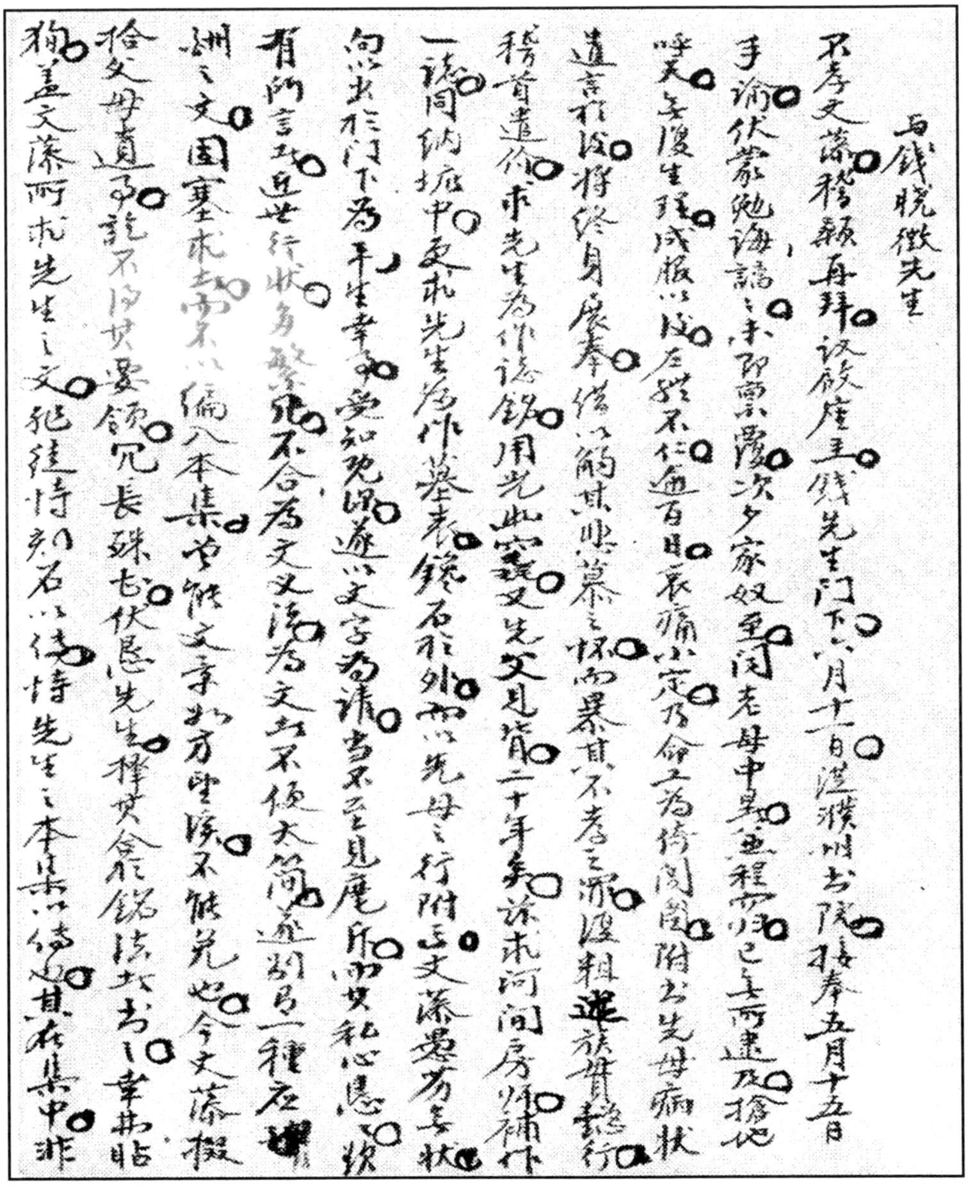

書影四　南澗文稿（底稿封面）

書影五　南澗文稿內頁

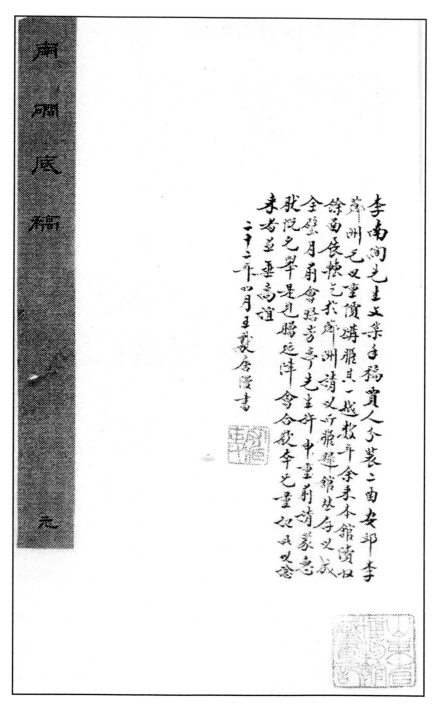

書影六　南澗文稿目次

李南澗先生古文目錄

益都李文藻南澗著撰

私淑門人昌樂閻湘蕙輯錄

卷中

○四松記、

○寶薈亭記、

○松亭記、

黃岡二石橋記

、琉璃廠書肆記、

○遊南海廟記

○遊廣州西郊諸寺記

○○進魚山說文記、

○○與紀曉嵐先生、

○與懷庭、

○記蝗、

○楊姞橋東巨洋水造舟記

○重修魯仲連先生祠墓記、

○○天后宮贍田記

○○遊光孝寺記、

○送馮魚山說文記、

○與錢曉徵先生、

○與西園、

○與紀曉嵐先生書、　○吏部左侍郎俞公傳、

永康州知州葛君傳　　廣信同知丁玫傳

、濱州李正王君傳、　○女丹霞小傳 代

○王猛墓考、　○姑幕考

○南漢二鐵塔考　○告城隍廟文、

○為靜叔病禱祠堂文、　○書呂卽婦傳後、

、書邵璟傳贊後、

書影七　南澗文稿〈因瞽得聞集序〉

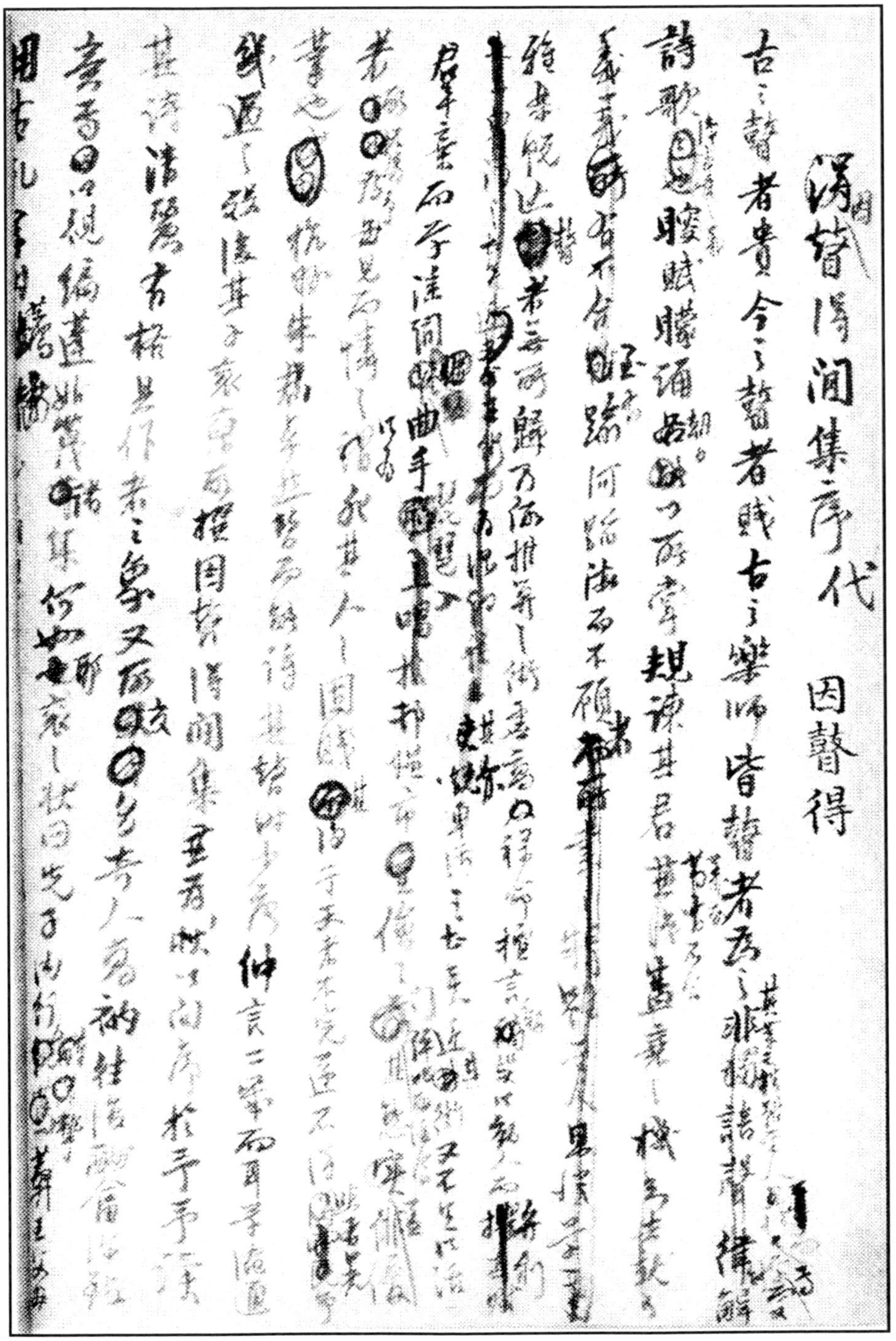

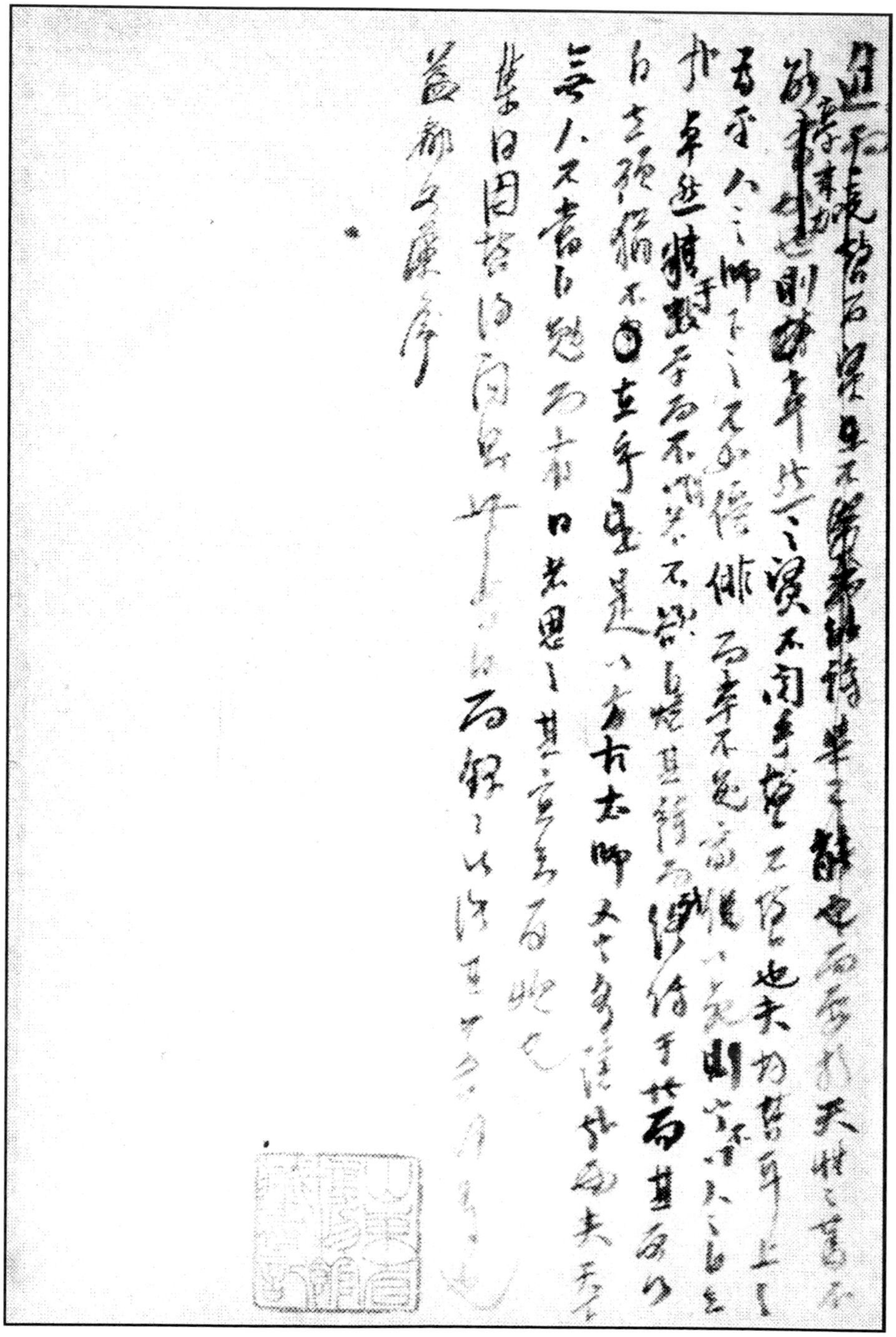

書影八　山東省博物館藏《恩平程記》稿本首頁

28-2

書影九　山東省博物館藏《恩平程記》稿本末頁

28-36

書影十　山東省博物館藏《長途備忘錄》稿本首頁

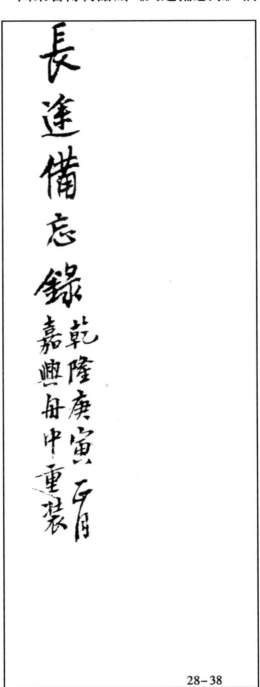

28-38

書影十一　山東省博物館藏《長途備忘錄》稿本次頁

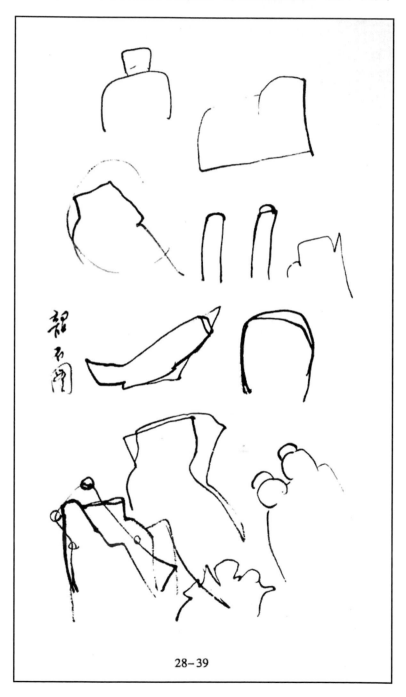

28-39

書影十二　山東省博物館藏《長途備忘錄》稿本第 3 頁

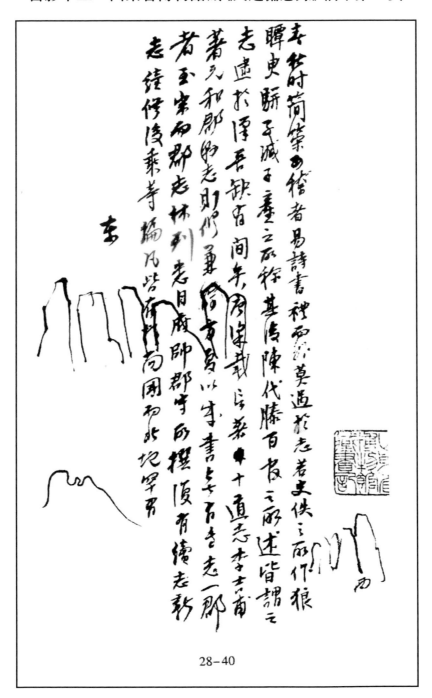

28-40

書影十三　山東省博物館藏《長途備忘錄》稿本第 25 頁

28-63